一位率真校长的
教育哲思

罗树庚　著

北京师范大学出版集团
BEIJING NORMAL UNIVERSITY PUBLISHING GROUP
北京师范大学出版社

图书在版编目(CIP)数据

一位率真校长的教育哲思/罗树庚著.—北京：北京师范大学
出版社，2021.6(2022.12重印)

ISBN 978-7-303-26789-7

Ⅰ.①一… Ⅱ.①罗… Ⅲ.①小学－学校管理 Ⅳ.①G627

中国版本图书馆 CIP 数据核字(2021)第 015733 号

图书意见反馈　*gaozhifk@bnupg.com*　010-58805079
营销中心电话　010-58802755　58800035
北京师范大学出版社教师教育分社微信公众号　京师教师教育

出版发行：北京师范大学出版社　www.bnup.com
　　　　　北京市西城区新街口外大街 12-3 号
　　　　　邮政编码：100088

印　　刷：保定市中画美凯印刷有限公司
经　　销：全国新华书店
开　　本：787 mm×1092 mm　1/16
印　　张：12.5
字　　数：190 千字
版　　次：2021 年 6 月第 1 版
印　　次：2022 年 12 月第 2 次印刷
定　　价：46.00 元

策划编辑：冯谦益　　　　　责任编辑：孟　浩
美术编辑：李向昕　　　　　装帧设计：李向昕
责任校对：康　悦　　　　　责任印制：赵　龙

丛书编委会

主　任：苏泽庭

副主任：徐文姬　陈如平　柳国梁

委　员：（按姓氏笔画排名）

马　兰　王晶晶　石伟平　朱永祥

刘占兰　李　丽　沙培宁　张新平

林小云　赵建华　袁玲俊　耿　申

戚业国　彭　钢　蓝　维

序　一

　　"教育兴则国兴，教育强则国强。"实现中华民族伟大复兴的中国梦，归根到底是靠人才、靠教育，必须把教育事业放在优先位置。党的十九大报告提出的"建设教育强国"，主要方向是走中国特色社会主义教育发展道路。习近平总书记在 2018 年全国教育大会上明确提出"坚持扎根中国大地办教育"。中国的教育应根植于中华文明，守住中华优秀传统文化的根与魂，讲好中国教育故事，创生中国特色理论，为人类贡献中国智慧和中国方案。

　　宁波简称"甬"，位于长江三角洲南翼，是我国东南沿海重要港口城市和历史文化名城。宁波教育源远流长，长盛不衰。唐建州学，宋设县学，人文荟萃，贤才辈出。在河姆渡文化的孕育下，宁波先后出现了一批又一批有影响力的教育思想家，如宋元时期的高闶、王应麟等，明清时期的王阳明、钱德洪、徐爱、方孝孺、朱之瑜、黄宗羲等，民国时期的陈训正、张雪门、杨贤江等。这些先贤都为宁波的教育做出了不朽贡献，在中国的教育发展史上发挥了重要作用，是甬派教育家的典型代表。

　　改革开放以来，宁波市的基础教育实现了跨越式发展。宁波教育本着"以人民为中心"的宗旨，全力"办人民满意的教育"。人民满意的教育是优质公平的教育，是"办好每一所学校""教好每一个孩子"的教育。谁来办好每一所学校呢？除了政府提供必要的条件外，"教师是立教之本、兴教之源"。那么，靠谁把广大教师组织起来呢？靠校长。有一位好校长，才有一所好学校。宁波基础教育高水平优质发展的伟大实践，亟需一批"教育家型"的优秀校长。正是基于这种思路，从 2009 年开始，宁波市就启动了"甬派教育管理名家培养工程"，2017 年 3 月启动了第二期工程。

　　一项人才培养工程能够持续开展十余年，并持续发挥重要作用，这本身就值得研究。长期以来，宁波市一直重视中小学校长和幼儿园园长队伍的建设，注重校（园）长成长规律和培训规律的研究，凭借宁波人"敢为人先"的创新精神，开创性地提出了教育干部培训的宁波模式和宁波经验，形成了"新任校长—合格校长—骨干校长—名校长—教育管理名家"的"五段三分双导"校长培养的完整体系。"甬派教育管理名家培养工程"位于宁波市教育干部培训"金字塔型"培养体系的塔尖，代表了宁波市教育干部培训工作的新高度，已经成为宁波市教育干部培训的新品牌。第二期"甬派教育管理名家培养工程"采用"双导师制"，聘请国内著名教育专家为理论导师，聘请全国有影响力的著名校长为实践导师，采用课题研究与经验提炼相结合的方式，来进行三年学习、两年展示的为期五年的培训，进而培养出教育管理的领军人物。这次出版的"甬派教育管理名家系列"丛书就是第二期培养对象经过三年学习，在名家的指导下，对自我教育实践进行提炼和提升的成果。

丛书的出版，虽然有种"立此存照"的意思，但更重要的是为了提供一种"本土经验""本土智慧"和"本土创造"。本系列丛书，有的是对办学实践的经验反思，有的是对办学主张的提炼梳理，有的是对办学理想的叙说表达……这些教育经验、教育主张、教育信念和教育理论，共同组成了新时代"甬派教育管理名家"的教育思想。细细品味丛书，我们可以清晰地感受到这批"甬派教育管理名家"办学思想背后的文化底蕴。

"知行合一，就是要行必务实。"本系列丛书的每一位作者都是宁波校长队伍中的优秀代表，他们的成长都建立在成功办学的基础上。每一本专著背后，都有一所或几所优质学校做后盾。从每一位校长的成长历程中，我们可以清晰地看到，"知行合一"已经成为他们共同遵循的基本观念。他们强调做实事、务实功、求实效，确保定下的每一件事能做到、能做好。他们强调"经世致用"学风，"务当务之务"，勇于任事，致力创新。本系列丛书记录了他们从理论到实践的行进方式，促进了宁波教育的率先发展，体现了"实践、认识、再实践、再认识"的实践论观点。

"知难而进，就是要行不懈怠。"本系列丛书在编写和出版过程中遇到的困难是显而易见的。从出版的数量上看，一项工程要出版 20 本专著，这在宁波市教育干部培训历史上是前所未有的。本系列丛书出版的组织者——宁波教育学院，坚持志不求易、事不避难，这种担当精神令人敬佩。从出版的质量上看，作为专著的作者，各位校长要从忙碌的日常管理工作中抽出时间是一件十分不易的事，而且在写作过程中还会遇到各种问题，这些对他们来说都是很大的挑战。但是，他们敢于直面挑战，勇于解决问题，把不可能变成了可能。因此，本系列丛书的成功出版，是各方知难而进、共同奋斗的结果。

"知书达理，就是要行而优雅。"有着 400 多年历史的天一阁，是中国现存较早的私家藏书楼，也是亚洲现有较为古老的图书馆和世界最早的三大家庭图书馆之一。它使人们真切地感受到了书香宁波的特有气质。本系列丛书的出版既是对这种城市魅力的共建，又是对流淌在宁波教育人身上"书卷气"的共识。从工程一期的《我的教育思想》到这次二期的系列丛书的出版，反映了宁波教育人注重内涵发展、崇尚理性思想、爱好著书立说的优雅旨趣。翻开丛书，我们从字里行间都能感受到各位校长在办学过程中体现出来的崇文重教、崇德向善的教育思想和知书达理、彬彬有礼的人格魅力。

"知恩图报，就是要行路思源。"宁波人懂感恩、会感恩，本系列丛书的出版也是一种感恩回报。在工程的实施过程中，他们有幸得到了全国著名教育专家的指导；他们感恩各位导师的辛勤付出，珍惜与导师的深厚情谊。本系列丛书的出版是他们对导师最好的回报。他们有幸遇到了北京师范大学出版社，敬业勤勉的编辑老师的专业指导助推了丛书的顺利出版。他们感恩党和政府，正是在党的正确领导下，才实现了他们的个人价值。他们感恩教育本身，蓬勃发展的教育事业为他们提供了研究教育、施展才华和专业成长的沃土。本系列丛书的出版，必将对宁波教育的发展发挥重要作用。他们感恩所有关心、支持和帮助过他们的人，本系列丛书正是他们抒发这种感恩之情的载体。书中提到的每件事、每个人，其背后都是浓浓的感恩之情。

总之，"甬派教育管理名家系列"丛书的出版是宁波教育史上的一件大事，是宁波教育向中国共产党成立 100 周年的献礼之作，必将对宁波教育努力率先高水平实现教育现代化的新时代总目标发挥重要作用。

苏泽庭

2020 年 8 月

序 二

2017 年 3 月，宁波市第二批"甬派教育管理名家培养工程"启动，29位宁波市知名校长入围受训。此工程是宁波市加强校长队伍建设的创新之举，也是宁波市校长培训工作的顶端品牌，旨在落实"教育家办学"理念，通过培养一批"更加专业""更加卓越"的"本土教育家"校长，来领导宁波教育的创新发展。我受宁波市教育局、宁波教育学院、宁波市教育行政干部培训中心的委托，全权代邀 10 位国内著名的专家学者组成了一个专业的导师组；又因是宁波人的关系，被任命为组长。三年多来，经过面试面授、外出游学、著书立说、登台报告等环环相扣的程序，"甬派教育管理名家培养工程"已完成大部分的目标和任务，进入了最后的收官阶段。

回首当初，宁波市教育局、宁波教育学院、宁波市教育行政干部培训中心和导师组曾就此工程提出了"五个一"的目标，即申报立项一个课题，核心期刊上发表一篇学术论文，每年外出短期游学拜师一次，撰写一部教育管理专著，举办一次办学思想研讨会。其中，最为重头也是最硬气的，就是要求第二批教育管理名家培养对象人人完成一部专著，即基于办学实际和对教育内涵、教育教学管理具体工作、办学育人规律的认识，对教育问题进行思考并总结行之有效的经验做法，通过思考、梳理、总结、提炼，集结成册，最后形成一本专著。令人欣慰的是，在宁波市教育局、宁波教育学院、宁波市教育行政干部培训中心的领导下，在导师组的精心指导下，29 位培养对象中，除却 3 人因工作调动不再担任校长外，有多位校长最终提交了书稿，编写成"甬派教育管理名家系列"丛书，由北京师范大学出版社正式出版，成为"甬派教育管理名家培养工程"的标志性成果。

30 多年来，我始终关注学校的发展问题，特别是"校长"这个学校发展的关键性和决定性因素。俗话说得好，"火车跑得快，全凭车头带"。从某种意义上说，校长的素质决定学校的发展，没有高素质的校长，就不可能有学校的可持续发展。近年来，大量的学校实践案例和校长实践经验，让我对"一位好校长就是一所好学校"这一信条深信不疑。这一点已在第二批"甬派教育管理名家培养工程"的培养对象办学以及他们各自的专著中体现出来。2020 年 9 月 15 日，《教育部等八部门关于进一步激发中小学办学活力的若干意见》(以下简称《意见》)发布，明确提出注重选优配强校长，努力造就一支政治过硬、品德高尚、业务精湛、治校有方的高素质专业化校长队伍。这是激发办学活力的关键性因素。《意见》不仅增强了实施"甬派教育管理名家培养工程"的信心和决心，也给未来中小学校长的选拔、培养与使用提出了新的目标和要求。

关于校长的素质特征、能力表现等，我结合近年来自己的研究，认为现在衡量和评判校长水平高低的重要标准或指标有了变化，除了显性的办学成就和管理水平外，还要看他教育思想的整体性、系统性和集成性，看他办学思路的完整性、清晰性和流畅性，看他育人成果的全面性、发展性和创新性。这些标准或指标，以往可以体现在学校章程、发展规划、年终总结或述职报告等载体中，如今必须通过系统思考、全面梳理和总结提炼，形成办学育人的规律性认识以及体系化建构，最终集合成综合性论文或学术专著来展示。这也是我们在第二批"甬派教育管理名家培养工程"中如此重视和强调著书立说的原因。

鼓励和引领校长去著书立说，在实际操作时容易走向功利化境地，对此社会上和教育界内出现了不少反对的声音。尽管我也特别反对教育中各种功利化的做法，如校长为出书而出书，但我还是会建议校长随时对自己的办学思路、行为及其结果进行思考、总结、梳理和提炼。这既是校长的基本功和校长专业发展的必修课，也是加强校长队伍建设的重要任务。那么，如何做好这一项工作？在此，我用教育管理名家的"名"字做些发挥，谈谈自己的三点体会，同时也表明我对"甬派教育管理名家培养工程"的认识、态度和立场。

第一，要弄清楚因何而"名"。所谓"名"，是指知名、著名。校长有名，实指校长声望高、有影响力。在现实中，名校长包括两层含义：一是名校的校长；二是知名或著名的校长。二者往往又是可以转化的。校长先担任名校的校长，再在办学上有所动作和贡献，使自己成为知名或著名的校长；也可以是知名或著名的校长执掌一所学校，把学校办成名校，使自己成为名校的校长。学术界给出了很多关于名校长的定义和主要特征，但从总体上看不外乎三个方面：一是办学成功，二是思想定型，三是影响力大。"甬派教育管理名家培养工程"的培养对象都或多或少地具备这三个方面的特征。

我一直认为，名校长是一个发展性的概念。任何事物的发展都是由量变到质变的过程。一位校长的成功与成名也是一个积累和发展的过程，不可能一夜成名。任何一位名校长，都是其办学思想和办学业绩得到广泛认可后才逐渐成名的。教育行政部门对名校长的认定只是一种形式。从根本上讲，名校长不是自封的，也不是任命的，而是社会公认的。名校长在被教育行政部门认定之前就已经在教育界和社会上具有一定的名望。名校长的"名"应是一种社会影响和社会认可。引导和鼓励校长成为名校长，可以使校长有更高的追求和境界，从而把学校办得更好。

第二，名校长要擅长"明"。一位优秀的校长必须有独具特色的教育思想并身体力行。苏霍姆林斯基根据自己多年从事校长工作的实践经验，提出领导学校，首先是教育思想的领导，其次才是行政上的领导。这是一个十分重要的观点，也是校长管理学校的客观规律。教育家是实践家，衡量教育家的首要标准就是他们在教育实践工作中的成绩：或育才有方，或治校有方、成绩突出。名校长都是成功的校长，是治校有方、办学成绩突出的校长，理应被称为教育家。教育家要有自己的办学思想，甚至有的教育家还创立了新的教育理论。他们都必须亲身从事教育实践，把办学思想和新的教育理论用于教育实践并且取得显著的成效，否则就不能被称为教育家。这是所有想成为名家的校长们必须懂得的道理。

"明"就是要明理。明理是读书人要达到一种通达慧明、明晓事理的境界。名校长要明以下三方面的理。一是教育之理，说的是教育的本质特征。《说文解字》对"教育"之理讲解得非常精辟："教，上所施下所效也""育，养子使作善也"。这两句话表明育人是教育的本质。二是办学之理。办学是有规律可循的。办学规律及其衍生出来的运行体系、体制和机制等，都是办学之理。三是育人之理。弄清楚"培养什么人"的问题，这是教育的首要问题，同时还要弄清楚"怎样培养人""为谁培养人"等问题。这三个问题构成育人的有机整体，不可分割，只有如此才能培育和造就全面发展的人。名校长还要善于捕捉代表时代发展和前进方向的新思想、新观念，善于用批判的眼光、理性的思维去分析教育的问题，对自我教育行为进行反思，不断深化对教育的规律性认识。

第三，名校长要善于"鸣"。鸣，就是发出声音。意思就是，名校长要善于表达，善于发表自己的意见和主张，引导舆论，营造氛围。"千线万线，只有一个针眼穿。"千线万线指的是各种各样的政策、理论、理念和方法；这个针眼是指学校实践，任何政策、理论、理念和方法都要通过学校实践来落地实现。当下，名校长必须把以下问题的落实和解决作为己任，下足功夫，写好文章。一是全面贯彻党的教育方针，建立健全立德树人教育机制，大力发展素质教育，着力培养学生的社会责任感、创新精神和实践能力。二是深化教育教学改革，不断推进课程改革，优化教学方式，探索因材施教的路径、机制和策略，创建适合学生发展的教育体系。三是注重理论与实践的结合。校长要用科学的理论指导教育教学实践，要通过实践总结创造出新的科学理论，从而再用新的理论去指导新的实践，提高办学育人水平；同时，还要结合时代和教育的发展，不断融入新的元素，寻找新的增长点，实现发展目标。四是善于传播先进的教育思想理念，既能用自己先进的教育思想和教育价值去影响教师和改造教师，促进教师教育观念和教学行为自觉地转变，又能科学引导家长和社会树立正确的教育观、育人观，努力营造良好的教育生态环境。

陈如平

2020 年 9 月

富含哲理的思想

优秀的老校长在培养年轻校长时，是系统地给他们讲授学校管理的理论好呢？还是全面地给他们介绍自己的成功经验好呢？其实这并不是全部选项。罗树庚校长的书给出了第三个选项：既不只要系统理论，也不只要全面经验。他用哲思的方式给读者讲述他经历过的真实的故事以及他对教学和学校管理事务的看似平淡却充满哲理的想法。

在本书初稿中，作者曾欲使用"絮语"一词作为书名。征求意见时，各方褒贬不一。40年前，我曾在中国社会科学院"蹭"听明史专家谢国桢先生讲史料的考证。他并不像大学教师那样按部就班地系统讲授，而是想到哪儿就由哪儿展开说一段。他不仅说经验，还说教训；不仅说自己走过的弯路，还说他人的不足。由于基础薄弱，因此我听得极其费力。尽管有许多内容听不懂，但我还是努力地做笔记。后来我在收集、整理和编辑教育史料时，不时能回忆起谢先生的"絮叨"。在面对史料甄别的困惑时，原来听不懂的内容居然犹如一点若隐若现的烛光出现在我眼前。于是我尝试着向那亮光爬过去，那竟然正是克服困惑的绝佳出路。也正因为此，我倒不觉得书名使用"絮语"一词有什么不妥。当然，"絮语"可能会被一些读者解读为"唠叨"。然而"唠叨"毕竟也是长者天然的"权利"，何况"絮语"本就是前辈率真的教诲。面对后辈，前辈不能略去曾经的挫折和失误，只讲最后成功的那一刻和最终取得的令人艳羡的荣誉。后生更需要的是前辈为解决问题所经历的苦苦思索和试错的过程。说实话，教育经验，无论是教学的经验还是学校管理的经验，绝大部分都是从教训中获得的(不管我们是否愿意承认)。然而我们所能看到(被写出来)的教育经验总是被梳理得很完整、很动听、很感人的东西。似乎优秀的校长都是天才，天生就懂得如何做出正确的管理决策。很少有人讲管理实务过程中的教训，即便讲，也是讲他人的案例。当然，讲教训并不需要将过程讲得"完整"和"系统"，重要的是不能隐秘不讲。用"絮语"的方式把教训的关键点拨出来，哪怕只是"点到为止"也是好的。要知道，这些点拨才是后辈更加迫切需要的营养。后来，随着书稿的反复修改，书名也几经推敲，最终作者还是确定弃用"絮语"，改用"哲思"。其实，精炼的"絮语"一定属于深刻的"哲思"。无论这本著作的书名用"絮语"还是用"哲思"，内容都没有本质区别。

罗树庚校长很聪明。本书收集的文章多数都是发表过的。早年发表的文章受发表载体的限制和社会习惯的影响，主要讲从实践事务中获得的思想启发，讲从小故事中获得的深度思考，而且基本属于"一事一议"性质的完整文章。但辑录成书时，作者对很多文章做了一些"收入本书时有所修改"的必要加工。调整和加工，都是向着更具哲理方向的打磨。整本书重视每篇文章中犹如珍珠一般有价值的思想和观点、看问题的独特视角以及解决问题的策略和方法。读者认真读下去，便会发现常常能得到多方面的启迪。

罗树庚校长很有智慧。他善于将随处可遇的故事、人物、知识、警句以及格言等，迅速与满脑子的教学和学校管理实务搭上桥、挂上钩、连上线，用或严肃、或淡然、或幽默的笔法，表达一些具有深刻哲理的教育感想和体悟。儿童教育工作的专业性与其他多数工作的专业性的不同之处在于教育的效果出现得非常"滞后"。"十年树木，百年树人"所描绘的正是教育专业的基本特征。当下实施的教育措施，要等到十几年乃至几十年后才能看得出效果。因此对于教育工作者，特别是校长来说，经验非常重要，智慧更加重要，且含义非常丰富。罗树庚校长把"守护童年、呵护童心"当作自己的教育信条。由此延伸开来，他对什么是"顽皮""贪玩"以及如何看待"顽皮""贪玩"有着自己在价值观层面的深刻认识。因此他就有了"希望孩子顽皮一点，贪玩一点，不要太乖巧，不要太听话"的论断。这样的论断与其说是来自教育的成功经验，毋宁说是来自教育失败的教训。全书所有的文章都体现着这个特点。他的成熟经验性的断言背后都有深刻教训的影子；他在坚持某些理念的论述背后都隐藏着深深的教训的忧虑；他在批评某些不好现象的论述背后都指引着明确的前进的方向。事实上，教育的经验大多都来自教训，甚至可以说，教训即经验。能从已有的教训中提炼出有价值的经验，也能从成功的经验中发现潜藏着的误区，应该算是一种教育管理的智慧。

罗树庚校长很勤奋。他初当教师时，遇到的是一位已在农村学校工作了 20 多年的勤于学习、喜欢研究、善于动笔的校长。这位校长的作风给了罗树庚校长很大启发，使他一直把自己视为一个学习者，并一直处在不断学习中。勤奋的习惯，使他的有形的学历在学习中不断得到更新，使无形的学力在工作中不断得到增强。荣誉已达到"特级"，但学习的态度依然像个小学生。他向名校长学习，向教师学习，向家长学习，还向学生学习；遇到具体问题时进行专题学习，没有明确问题时进行扩展学习。成年人的学习更注重思考。他将思考撰写成文章。文章获得了读者的青睐，于是他又变成了专业报刊的专栏作者。此书之前，他已出版过专著。读者好评如潮，出版社一印再印，他的教育著作成了畅销书。在学习型社会中，人人都应成为终身学习者，教师更应成为终身学习的榜样。罗树庚校长作为"教师的头儿"，始终是努力学习、勤奋思考的排头兵。

优秀的校长肩负着带动和培养年轻校长的职责。罗树庚校长用哲思的方式把他近年来关于学校管理的思考结集出版，无疑是在履行优秀校长的这份职责。愿读者能从中获得管理学校的哲学层面的启迪，也愿罗树庚校长在学校管理方面做出更多、更新的思想贡献。

耿申

2019 年 9 月 28 日

（耿申，北京教育科学研究院原院长助理，杭州师范大学教育学院特聘教授，"甬派教育管理名家培养工程"的培养对象导师。）

目　录
CONTENTS

第一章　悟管理之道 / 1

且行且思教育路 / 2

圆　梦 / 10

校长路上的幸运与幸福 / 13

新校长要有"五敢" / 18

不同发展期应有不同管理智慧 / 21

必须让常规制度这双"鞋"合脚 / 24

激活教师校本培训三招鲜 / 27

教研组活动：从"卷入"走向"深入" / 31

慎用悬顶之剑　践行依法治校 / 35

防止教师体罚学生的管理策略 / 39

小平台变形记 / 42

放什么权，用好什么权 / 46

职级制有利于校长撸起袖子加油干 / 51

第二章 寻办学之真 / 55

宪法教育要破除固有观念 / 56

纸上谈兵的安全教育该改改了 / 60

优秀传统文化进校园从 1.0 迈向 2.0 需要做什么 / 62

在线教学，给我们一次深刻反思的机会 / 65

中小学开设选修课要量力而行 / 67

居家学习凸显学校存在的价值 / 70

一年级开设科学课，要把好事做好 / 72

还孩子一个奔放的童年 / 74

国外部分中小学教师概况引发的思考 / 77

愉悦情感体验实现治理现代化 / 79

第三章 思教育之惑 / 85

职称制度改革不能被误读 / 86

减负的关键是全社会观念的转变 / 88

我们要看到我国教育的优势 / 91

为中国式教育智慧"出口"喝彩 / 93

公职教师参与在线教学当有边界 / 95

去除教育雾霾，让好教师苗壮成长 / 97

给学生"减负"也要给教师"减负" / 99

不做校长不知校长的辛苦 / 101

第四章 话改革之难 / 105

改变生源配置，向改革深水区迈进 / 106

谢师不必宴，老调不重弹 / 108

每前进一小步，对家长和学生来说都是福音 / 110

学生、家长的诉求是教育不断完善的追求 / 113

家长陪读带给我们的思考 / 115

让孩子学会"玩" / 117

这个头脑奥林匹克活动不一般 / 119

预防学生沉迷网络需要多方协同干预 / 121

一位率真校长的教育哲思

学会做人是家庭教育的核心 / 124

走出陪孩子写作业的误区 / 127

第五章　忧家校之信 / 131

孩子受点伤，家长千万别小题大做 / 132

为教育营造一个健康的外部环境 / 134

我们要加强学生的体质健康教育 / 136

监控永远跑不赢信任 / 138

出台"学校法"刻不容缓 / 140

《意见》托底，严禁"校闹" / 142

家校关系中三对矛盾的协调 / 144

附录　记者眼中的罗树庚 / 147

学校，一个好玩又充满有趣体验的"树洞" / 148

用思索丈量前行的路 / 156

在思考中前行 / 162

建幸福学校 / 167

跋：追寻教育之真，体悟管理之道 / 171

后　记 / 177

第一章　悟管理之道

路漫漫其修远兮，吾将上下而求索。

——[楚]屈原《离骚》

道，出自老子所著的《道德经》："道可道，非常道；名可名，非常名。"万事万物的真理是可以探索并道说出来的，但这些真理并非是永恒不变的。从事教育工作30多年，如果说有什么值得欣慰的，我觉得自己一直以一个思考者的角色行走在这条鲜花与荆棘并存的路上。探索教育管理的"道"成了我且行且思的一部分。

且行且思教育路

教育之路看似平坦，实则艰辛。行走在这条理想与现实之间的教育路上，我用思索丈量着前行的每一步，跟跟跄跄地走过三十多个春夏秋冬。我不敢奢谈什么思想，只是用文字给自己的过往做个记录。当然，语言是思维、思想的外显，因此我们说的话里，藏着自己的人品、智慧和灵魂；我们写的文字里，透露着自己的修为、格局与思想。

——题注

2017 年，我有幸被确定为宁波市"甬派教育管理名家培养工程"的培养对象。"甬派教育管理名家培养工程"第一期选的中小学校长和幼儿园园长共 20 位，第二期一共选了 29 位。这个称谓的分量很重，这顶帽子戴得很高。分量重，是因为自改革开放以来，宁波市仅确定了两批不到 50 位校长作为"甬派教育管理名家"；帽子高，是因为宁波市是副省级城市，而"甬派教育管理名家"是宁波市校长队伍建设最高层级的一个梯队，是旨在培育"教育家型"校长的。面对如此分量重的一个称谓、如此高的一顶帽子，我时常感到惶恐。惶恐的原因有二。一是我始终认为教育家不是打造、培训、培养、培育出来的。二是"甬派教育管理名家培养工程"的培养对象，必须提炼自己的教育思想。我哪有什么教育思想，我无非是在教育实践中，践行前人的教育思想，摸索教育客观规律，找寻符合客观规律的育人之道、管理之道而已。

"书藏古今，港通天下"的宁波市是一座历史悠久、人文底蕴深厚的城市。王阳明、黄宗羲、蒋梦麟等人都是这片沃土上走出的教育家。王阳明先生的"阳明心学"更是值得我们深入探寻的教育思想。长期受王阳明先生"知行合一"理念的惠泽，在从教的 30 多年里，我始终坚持在教育、管理的实践(行)中感悟(知)，在感悟(知)中实践(行)。以"知"促"行"，以"行"促"知"，努力践行"知行合一"。

小学生应该有怎样的童年

从事教育工作，必须先弄明白我们的教育对象——学生，或者说学生是所有教育工作的出发点与归宿。作为一名小学教育工作者，我时常问自己：何为儿童？孩子们应该有一个怎样的童年？

抛开动荡不居、战火纷飞的特殊时期不说，在一般情况下，提起儿童时，我们想到的是无忧无虑、自由自在、顽皮好动、生气勃勃……翻开古今中外的文学作品、教育名著，我们读到的儿童皆是少不更事、少年不识愁滋味、稚气未脱的一代又一代天真无邪的孩子。"牧童归去横牛背，短笛无腔信口吹。""归来饱饭黄昏后，不脱蓑衣卧月明。""蓬头稚子学垂纶，侧坐莓苔草映身。""儿童散学归来早，忙趁东风放纸鸢。"骑牛放牧也好，学垂纶、放纸鸢也罢，上下五千年，历朝历代，大街小巷、山乡村野，向我们迎面飞奔来的都是活泼、快乐的孩子。文学家冰心在《只拣儿童多处行》中写道："从香山归来，路过颐和园，看见颐和园门口，就像散戏似的，成千盈百的孩子，闹嚷嚷地从门内挤了出来。这几扇大红门，就像一只大魔术匣子，盖子敞开着，飞涌出一群接着一群的关不住的小天使。"儿童是什么？儿童是天使，儿童是春天，儿童是早晨冉冉升起的太阳。

孩子们应该有怎样的童年？面对这个问题，我脱口而出的是"奔放"。在我眼里，孩子们的童年应该是光着脚丫，走过鹅卵石路，发出的嘻嘻哈哈的笑声；在我眼里，孩子们的童年应该是光着脚丫，踩在烂泥田里，烂泥扑哧扑哧从脚趾缝中冒上来的快乐；在我眼里，孩子们的童年应该是在妈妈的千呼万唤中匆忙奔跑回家的身影；在我眼里，孩子们的童年应该是在雪地里尽情打雪仗、堆雪人而不顾鞋里满是雪水的忘我嬉戏。童年是什么？国外曾发布"12 岁以前要做的 50 件事"，列举了 50 个少儿户外活动项目，包括捉迷藏、打水漂、放风筝、早起看日出、晚睡观星空等。

吴志翔在《教育是柔软的》一书中有一段话，很能引起我的共鸣。他说，尽管我们这些成人在童年时期或多或少都有过物质匮乏的经历，但当年那种与大自然亲密无间的"放养"状态、"野生"状态却带给了我们无限的欢乐。谈起小时候的种种玩法，一个个都变得眉飞色舞。没有压弯腰的书包，没有一天到晚头脸清爽、衣着整洁。山野是我们的课堂，大地是我们的乐园。我无法准确回答"童年是什么"这个问题，我无法准确诠释什么是"奔放"，但我心里期望的小学生的童年，就应该是这般模样。

当今的城市化浪潮、令人目眩的科技、日趋激烈的社会竞争、中等收入人群被激发的攀比冲动等，都会使今天的孩子越来越远离自然，越来越远离那些沾着泥巴、带着露珠的童年的游戏。现在的孩子每天忙着学琴棋书画，练说弹唱跳，背国学经典等。他们有时忙得无暇蹲下身来看看路边的小草，无暇停下脚步闻闻芬芳的鲜花，无暇仰起头来望望闪烁的星星……为了获得高分数和完成较多的作业，他们有时没有时间养蚕，观察绿豆发芽；有时没有时间做手工、玩泥巴、做实验……我们要让孩子多接触大自然，多有时间玩游戏，因为看不到四季，听不到虫鸣，摸不到蝉翼，闻不到泥土香的童年是孤独的；远离了土地和土地上丰富的生命，与大自然断了联系的童年是贫瘠的；缺少了伙伴、交流与沟通的童年是不健全的；没有了闲暇、自由的童年是会褪色的。

为什么在介绍自己的所谓"教育思想"时，我想先谈论的是自己对"儿童"和"童年"的认识。因为我发现，长大了的我们，常常忘了自己曾经是个孩子。我们承认自然是生命的摇篮，但我们却不愿意把孩子交给自然。

写下这些零零碎碎的感悟，我想说："做教育，永远不能忘了自己曾经是孩子。做教育，要永远牢记自己是长大了的孩子。"童年，是生命的故乡；快乐，是童年的全部哲学。这是我的所谓的"教育思想"的发源地，离开它，我的思想将是无源之水、无本之木。

我们应该给学生提供怎样的学校

因为我信奉"童年，是生命的故乡；快乐，是童年的全部哲学"，所以我把"守护童年、呵护童心"当作自己的教育信条。"守护童年、呵护童心"需要尊重学生，遵循教育规律。顽皮是童年的智慧，贪玩是孩子的天性。在"乖巧"成为家长和教师对学生的一种通行评价时，我倒希望孩子顽皮一点，贪玩一点，不要太乖巧，不要太听话。"守护童年、呵护童心"需要帮助学生张扬个性，培养学生的创造力、想象力。让每位学生都得到适切的发展，都享有个性化的教育；让每位学生都充满好奇与幻想，都爱好实践与探索。"守护童年、呵护童心"需要教师有一颗不老童心和圣洁爱心。童心的复苏是产生教育教学灵感的源泉，爱心的圣洁是产生教育教学智慧的动力。

法国作家巴尔扎克曾经说过：童年原是一生最美妙的阶段，那时的孩子是一朵花，也是一颗果子，是一片朦朦胧胧的聪明，一种永远不息的活动，一股强烈的欲望。我很喜欢这段话。童年、童心是这个世界上最美好的事物。我们每天都和世界上最美好的事物在一起，因此，我们的事业也是世界上最美好的。"守护童年、呵护童心"是我们的责任，也是我们的使命。

作为一名小学校长，如果要让我回答"我们应该给学生提供怎样的学校"，我会毫不犹豫地说："我要给学生提供一个快乐成长、诗意栖息的幸福乐园。"正因为这样，我们奉行"为学生一生幸福奠基"的理念。我们把幸福理念融进建筑里。当初在建造宁波国家高新区实验学校的时候，我们蹲下来，从儿童的视角来设计。在厕所里，我们设置了无障碍蹲位，以便行动不便的孩子使用；在每幢房子里，我们都设置了无障碍通道；为了减少校园安全事故的发生，所有有棱有角的地方都进行了圆角处理。我们把乒乓球台及其他体育健身游乐设施放置在教学楼下，使孩子们一下课就能打乒乓球，就能攀爬、玩耍。校园里有书本状的户外小石凳，有刻着百家姓、常用成语、常用数学公式的大理石通道。留住"老记忆"童年游戏也被我们用圆嘟嘟的大理石，定格在了绿化丛中。我们相信，教育是一种浸润，是一种熏陶。我们希望孩子们在这个乐园里，耳朵里听见的都是知识，眼睛里看到的都是文化，整个身心浸润在智慧里，耳濡目染，在这个"幸福染缸"里泡出一个"七彩童年"。

我们坚持从儿童的立场出发。我们相信教育是为了儿童，教育是依靠儿童来展开和进行的。从儿童的立场出发，要求教师要有一颗童心，把自己当作"长大的儿童"；走进童心，呵护童心，发现儿童，引领儿童；为学生终身学习服务，为学生终身发展负责。从儿童的立场出发，让我们牢记教育的对象是人，是一个个鲜活的生命个体，是具有无限差异和无限可能性的儿童，要面向全体学生，实施有差异的教育。为了最大限度地促进学生个性的发展，我们为学生提供了运动、体验、科创、修身育德四大类数十个拓展性课程。每周四下午进行走班选课。为了增加学生亲近自然、参与社会的机会，我们利用学校周边的爱国主义教育基地、社会实践基地、厂矿企事业单位开设社会实践活动课程，利用每周三下午或者周末的时间，定期组织学生走进这些基地，进行基于真实情景的学习。我们构建"1＋1幸福课程体系"，满足学生的个性发展之需，实现有差异的多元发展，让课程成为学生幸福成长的保障。

我们相信"课堂是师生生命旅程中一段不可复制的时光"。学生校园生活的大部分时光都是在课堂里度过的，要让"幸福校园"成为现实，就先要让课堂幸福起来。为此我们孜孜以求地探寻"情趣教学"，通过改变学生座位编排形式，通过转变教与学的方式，通过增补、删改教学内容，从多个路径探寻"情趣课堂"。情趣作文，是我们在语文学科内探索实践"情趣教学"的一项研究成果。情趣作文根据小学生好动、爱玩的天性和"怕作文"的共性，让孩子们在"玩"中学"写"。将语文与科学、体育、美术、音乐等学科进行融合，软化学科界限，强化学生综合能力的培养。我们把益智类数学玩具引入课堂，让学生在操作实践、探究活动中学数学。我们通过增设阅读英文绘本、观看英文动画片、学唱英文歌曲、编排课本剧等方式，让英语课堂变得更有情趣。"情趣教学"倡导"玩中学"，追求"动手做"基础上的快乐学习。"情趣教学"关注师生的情感体验与情态，注重通过创设充满情趣的氛围、环境，让课堂变得情趣盎然，让课堂生动活泼、充满生命活力。寓"学"于"玩"，寓"学"于"趣"。

把幸福的理念融进建筑里，让课程成为幸福的保障，让课堂成为幸福的旅程，是我们践行"幸福乐园"的一些路径选择。我们努力为孩子们创造属于他们的"巴学园"。我们相信"玩耍是孩子的生命"。但我们真切地意识到，要给孩子们快乐童年和幸福乐园，仅凭我们的力量还有些势单力薄。

我坚持学校是学生快乐成长、诗意栖息的幸福乐园。当然，我不会毫无原则地放纵学生的"恣意成长"。我清楚地意识到学校同时也是学生从一个"自然人"向"社会人"过渡、发展的地方。我既不认同"树大自然直"任其自由成长的观点，也不认同"教育就是严苛约束与规范"的观点。综观近些年一些家校之间的矛盾与纠纷，其中许多都与"自然人"与"社会人"这对矛盾有关。作为一名小学校长，我也时常为此烦恼不已。但不管遇到多大的困扰，我都始终坚信学校应该是学生的幸福乐园，课堂应该是学生的温馨港湾。

我们应该给教师提供怎样的学校

百年大计，教育为本；教育大计，教师为本。教师是推动教育发展、学校发展的关键因素。没有一支优秀的教师队伍，优质学校、品牌学校的创建将成为水中花、镜中月。没有一支优秀的教师队伍，培养高素质的人才将成为一句空话。可以这样说，有什么样的教师就会有什么样的教育，有什么样的教育就会有什么样的学生。就学校而言，不外乎要做好三件事：学生发展，教师发展，学校发展。在这三个发展中，教师发展是关键。只有教师发展了，学校才能发展，最终才能实现学生的发展。

在回答"我们应该给教师提供怎样的学校"这个问题之前，我们有必要再次重温一下教师的重要性。梅贻琦先生曾指出：所谓大学者，非谓有大楼之谓也，有大师之谓也。北京十一学校李希贵校长也曾阐述过，在学校管理工作中，对于校长来说，教师第一，学生第二。只有充分认识到教师在学校发展、学生发展中的重要性，才能促使我们进一步思考该给教师提供怎样的学校。

我们要给教师提供公平、公正、尊重、包容、自由的工作氛围。学校是清净之地，而非名利场；学校是文化之地，而非沆瀣一气、师德沉沦之所。《中庸》云："万物并育而不相害，道并行而不相悖。"我们应该给教师提供的是有这样的气度、格局、氛围的学校。

我们还要给教师修筑一道能抵挡纷扰，使教师能"静心教书、潜心育人"的围墙，让教师安安心心地从事教育工作。当下，干扰教师、干扰学校的一些非教学工作太多。校长如果不会拒绝，教师只会把大量的时间和精力花费在对学生学习毫无帮助的地方。这些年，我经常这样比喻自己：如果学校有形的围墙、大门挡不住外面的纷扰，那么我就是学校的第二道围墙、第二道大门；如果我这道围墙、大门还挡不住，那么学校中层以上管理团队就是第三道围墙、第三道大门。评比、督导、评估、测评、检查等，我能自己一个人扛下来的，绝不麻烦中层以上管理团队；中层以上管理团队能揽下来的，绝不麻烦普通教师。因为坚持这样的理念，这些年，我们还算给教师提供了一所相对安宁的学校。

对于教师来说，学校是除了家之外，自己待的时间最长的一个场所。对于教师来说，同事是除了爱人之外，自己人生中相处时间最长的一群人。正因为如此，我们要努力为教师创造一所"有家、有爱"的学校。他们结婚生子时，我们会贺喜祝福；他们生病住院时，我们会嘘寒问暖。生日时，我们有温馨的祝福；节日里，我们有舒心的活动。我们坚持共同沐浴书香。我们坚持一人参赛、学科组全体总动员。我们倡导"你成功我骄傲"的文化氛围。这就是我希望给教师提供的理想学校。我们相信理想的学校是教师幸福育人的生命场。

当然，自由要靠自觉、自律做支撑。"我们应该给提供教师怎样的学校?"这里的"我们"包含着学校里的每一位教职员工。

社会应该给学校提供怎样的环境

此外，廉政文化进校园要有教育痕迹；文明餐饮、光盘行动要有数据；垃圾分类教育要有计划、总结等。为了做好安全工作，教师要督促家长上指定的网站学习安全知识，将家长完成情况登记、造册并上报。文明城市检查，要有台账；今天文明校园评比，明天美丽校园评比，后天平安校园评比，都要按照测评表逐项做材料；扫黑除恶，学校要有宣传标语；防毒禁毒，学校要开辟专门的橱窗……据杭州市某区教育局不完全统计，2016 年至 2018 年，3 年来各种与教育无关的临时任务达 180 多件。2018 年 3 月全国两会上，教育部部长陈宝生呼吁给教师减负，提出学校要拒绝各种非教育的工作，让教师有足够的时间和精力研究教学、备课充电、提高素质、提升质量。面对部长的呼吁，干扰教育的各种"进学校""小手牵大手"现象不但没有减少，反而增加。

罗列上面这些现象，为的是引发思考：社会到底应该给学校提供怎样的一个外部环境? 当务之急，要先减少干扰，给学校、教师减负。学校不是无限责任公司，学校的边界不能变得模糊不清。另外，要倡导无为而治。教育是一项需要心无旁骛、专心致志、持之以恒的事业。声音越多，文件越多，干扰越多，越会使其茫然不知所措，越会使其应接不暇。对学校最大的支持、最好的领导，就是少打扰。社会该给学校一个怎样的环境? 我的回答是"嘘，不要打扰它。"

除了少打扰外还不够，还要为学校营造一个理解、支持的外部环境。近些年，一些偶然发生的教育方面的负面事件，经过媒体的宣传、社会的发酵，产生了不良的效应。学校、教师一夜之间似乎成了众矢之的。这种以偏概全、用 0.1% 去全盘否定 99.9% 的不良风气，动摇了"尊师重教"的基石。我们应该积极宣传教育系统中爱岗敬业、爱生如子的正面事例，营造一个理解、支持教育的良好外部环境。习近平总书记在 2018 年全国教育大会上指出："教育是国之大计、党之大计。"教育事关国家发展、事关民族未来。今天，没有哪一项事业像教育这样影响甚至决定着接班人问题，影响甚至决定着国家长治久安，影响甚至决定着民族复兴和国家崛起。因此，为学校营造一个良好的社会环境，具有重大的现实意义和深远的历史意义。

真的不敢奢谈什么"教育思想"，我只是通过以上几个经常思考的问题，阐明我对学生、教师、学校的理解。我们说的话里，藏着自己的人品、智慧和灵魂；我们写的文字里，透露着自己的修为、格局与思想。的确，我们读过的书、走过的路，最后都会成为身体和思想的一部分沉淀在我们的气质里。行走在理想与现实之间，我用思索丈量着前行的路。以上这些零零碎碎的思考算不算是我的教育思想，就留给读者来评判吧。

（此文写于 2019 年 2 月 16 日。）

> 人生有两条路：一条需要用心走，叫作梦想；另一条需要用脚走，叫作现实。心走得太快，会迷路；脚走得太快，会摔倒；心走得太慢，现实会苍白；脚走得太慢，梦不会高飞。人生的精彩，是心走得好，脚步刚好能跟上。掌控好我们的心，让它走正、走好；加快我们的步伐，让所有梦想生出美丽的翅膀。
>
> ——题注

我自打从教以来，一直梦想着建造一所理想的学校。所以，在日常的学习工作中，我经常把看到的、听到的、想到的好点子记录下来，希望有朝一日能派上用场。特别是外出参观学习时，我总不忘带上相机，拍下好的校园文化景观、班级布置。看到好的设施设备，我就会把品名、厂家以及联系方式等一一记录下来。这种习惯，让我积累了许多好的点子，积累了几千张照片，积累了许多信息。

让我感到特别庆幸的是 2009 年宁波市的国家高新区要筹建一所新学校时，选派我担任校长，让我参与筹建这所高起点定位、高品质打造的实验学校。英雄终于有了用武之地，我思量着如何打造一所全新的学校；如何把自己对教育的理解、对办学的追求，融入一砖一瓦、一草一木中去。白天，我跑工地；晚上，我翻出自己的从教日札，拿出 7 年副校长的管理日记，整理出自己外出学习时拍下的几千张其他学校的照片。哪所学校的指示牌比较新颖，哪所学校的走廊文化比较有借鉴价值……我草拟着新学校的文化建设构想，斟酌着学校的办学理念、办学思想。渐渐地，我的思路清晰了起来，目标也显现了出来。我要建一所让孩子们能快快乐乐学习、健健康康成长的学校；建一所让孩子们能天天念想着去上学的学校；建一所空气中弥漫着知识与智慧、能浸润孩子幸福童年的温润的学校。

通过将近两年的辛勤付出，以及冒酷暑、顶烈日的 40 多天的暑假奋战，2010 年 9 月 1 日，一所气势恢宏、充满童趣又极富文化气息的新校园终于呈现在了大家面前。它有憨态可掬的小雕塑、书本状的小石凳、刻有优秀传统文化的大理石路面、轻松幽默的厕所文化、意蕴深厚的长廊以及充满童趣的校园指示标志。徜徉其中，我们能感受到浓郁的书香；流连其间，我们能体会到什么叫精致。以幸福教育为核心的办学思想，以培养创新能力为基石的院士文化，以放飞理想为起点的活动载体，一下子让我们学校成为宁波市乃至浙江省校园文化建设的样板、典范。教育记者、《当代教育家》杂志社总编辑李振村老师在参观我们学校后，感叹道："能在这么好的环境里学习的孩子是幸福的，能在这么好的校园里当老师是幸运的。"

的确，虽然为了筹建这所新学校，我历尽艰辛，但我还是觉得很幸运、很幸福。因为我有一个可以施展才华和抱负的机会。正是党和政府把教育摆在优先发展地位，上级主管部门把参与筹建的权力交给校长，我才有机会把自己的思想融入建筑、融入学校文化。什么是幸福？我的理解是能有一个圆梦的大好环境。但是光有梦想，却不敢面对前进道路上的荆棘，梦想到头来只能是空想。追梦的人，从来不在乎脚下的泥泞、道路的坎坷与曲折。

学校建好，校门打开，孩子们就像从魔术匣子里涌出来一般，充满阳光，充满欢笑。迎着扑鼻的朝气，我又要实现第二个梦想——我要让孩子们拥有快乐幸福的童年。我梦想着通过转变教与学的方式，让课堂成为幸福的旅程；通过改变课程设置，让课程成为幸福的保障；通过丰富校园文化，让活动成为幸福的载体；通过推进书香校园建设，在孩子心间播下优良的种子。我真切地意识到要实现这一梦想，我必须和全体教师一起做"追梦人"。于是，我和全体语文教师一起开发情趣作文课程，以兴趣为核心，让游戏、活动、实践走进课堂，让课堂生活化，用孩子们爱玩的天性去克服"怕作文"的共性。我们推出了"微课程"，尝试着走班合作式教学，让孩子们分享到全体教师的智慧课堂。我们扩大了选修课在一周课程中的比重，充分发挥每一位教师的个性特长，让孩子们根据自己的需求自主选课，探索个性化教育。

如果说筹建新学校，更多的是圆了我个人的教育梦，那么构建幸福校园，圆的则是我们这个团队的教育梦。我们在追梦，追逐让祖国下一代健康快乐成长之梦；我们在圆梦，在圆孩子们拥有幸福童年之梦，圆教育强国之梦。虽然我只是千千万万个普通的小学校长之一，虽然圆梦的征程才刚刚开始，但我坚信有梦想就有希望，有梦想就有未来。

图 1-1 为顾明远先生题写的校训。图 1-2 为路甬祥先生题写的校名。图 1-3 为晨曦微露中的校园。

图 1-1　顾明远先生题写的校训

图 1-2　路甬祥先生题写的校名

图 1-3　晨曦微露中的校园

（此文写于 2013 年 4 月 5 日。）

校长路上的幸运与幸福

教育是一条平凡而神奇的坎坷之路，理想与现实之间总有一些无奈与怅然，但我始终坚信"道路是曲折的，前途是光明的"。因为在这条路上，我看到无数有着悲天悯人情怀的求索者。我也始终坚信只要我们用思索去丈量这条坎坷之路，教育一定能迎来"艳阳天"。

——题注

我没有耀眼的光环，没有深厚的城府。我的经历或许和中国千千万万的校长很相似，我成长的心路历程或许还能让大家看到自己的影子。

幸运，成长路上遇到好校长

我很庆幸，在 4 所学校工作时，我遇到了 4 位好校长。其中的一大半的时光是在两所学校度过的。其一是马叙伦先生执教过的江山实验小学，其二是中国民办教育的一面旗帜——宁波万里国际学校。

1990 年 8 月，我被分配到一所镇中心小学工作，当时担任校长的是在农村摸爬滚打了 20 多年的毛政简校长。老校长为人耿直，处事严谨，善于研究，勤于动笔。老校长的这种作风，对于一个刚踏上工作岗位的年轻人来说，影响无疑是深远的。在他的影响下，我收住了年轻人贪玩的心，一头扎进教学中，一心扑在育人上。工作仅一年，我便被请回师范学校为学弟学妹们做报告；工作仅三年，我便被授予衢州市十佳青年教师称号。老校长亲自执笔，用一篇题为《问渠那得清如许》的长篇通讯，将我的事迹刊发在了《江山报》上。

因为初登讲台便小有名气，我被调到百年名校江山实验小学任教。时任校长是荣获全国中小学"优秀校长"称号的特级教师郑璧如老师，副校长是全国劳动模范杨高益老师。郑校长刚正不阿，治学严谨，思维敏捷，是小学语文界很有影响力的名师；杨副校长为人谦和，善于交际，是校长和教师间的桥梁。在他们的协同管理下，江山实验小学形成了一种"不用扬鞭自奋蹄"的校园文化。在这种文化的熏陶感染下，我心无旁骛，沉潜在教育的海洋里，心里除了学生外还是学生。我辅导的学生的习作就像雨后春笋般在全国各种报刊上刊发，获奖的层次一个比一个高。我带的班级成了学校的样板。我撰写的文章常见于业务期刊。扎实严谨、不张扬渐渐成了我的一种风格。

1997 年 8 月，在别人难以理解的目光中，我离开了公办学校，只身一人来到宁波万里国际学校，在这所名气渐长的民办学校任教。在这里我遇到了自己事业发展的关键人物——特级教师林良富校长。林校长是一位青年才俊，虽然年纪仅长我两岁，但他有思想、善学习、勤思考。睿智的他思维敏捷，考虑问题有深度，又有很强的表达能力。针对教育教学、学校管理中的许多复杂问题，他总能深入浅出地用自己富有哲理的话语向全体教师阐述。从教以来，我一直希望自己在小学语文教学方面有一些建树，不想涉猎学校管理。可是，在他的影响和鼓励下，我开始转变思想，从教研组组长、教科室主任到分管教学的副校长，我的管理能力一次又一次地得到锻炼。更令我庆幸的是，尽管我花费了很多精力在学校管理上，但我的专业发展丝毫没有受到影响。一种厚积薄发的感觉在我担任副校长的 7 年里得到体现。在这 7 年里，我有四五十篇文章刊发在《光明日报》《中国教育报》《小学语文教学》等报纸期刊上。我参与的研究课题"现代学校制度视野中的学习型学校建设行动研究"获得了全国一等奖。2003 年 10 月，我送教到贵州的课堂实录"燕子过海"在中央电视台播出。在中国教育报刊社组织的全国青年教师课堂教学艺术大赛中，我执教的"小珊迪"一课荣获一等奖。我也被授予宁波市名教师称号。

回顾自己的成长过程，"幸运"一词成了我心路历程的关键词。我庆幸在自己的专业发展、管理能力提升的过程中遇到了 4 位优秀的校长。他们不仅有人格魅力，更有提携、栽培青年的胸怀。如果说人的成长、成功离不开关键人物、关键事件、关键时期的话，那么好校长一定是青年教师成长路上的"关键人物"。《易经》写道:取法乎上,仅得其中;取法乎中,仅得其下。优秀的校长就是一种"法度",这种法度、气场对身边的人的影响是巨大的。

华中理工大学刘献君老师曾有一个精彩的类比:泡出来的白菜、萝卜的味道,取决于泡菜汁的味道。同样,学校的氛围与环境决定了学校培养出来的教师和学生的素养。这就是著名的"泡菜理论"。优秀校长管理的学校、引领的团队以及所形成的文化就像泡菜汁,沉浸其中,不优秀也会变优秀。这或许就是古人说的"近朱者赤,近墨者黑"吧。

幸福,我有一方用武之地

2009年2月,宁波市国家高新区要筹建一所高起点的实验学校。我很幸运地被选派参与筹建这所新学校。责任感、使命感让我倍感肩上担子之重,但被信任的幸福感也让我信心百倍。为了集思广益,我发动全体教师讨论"我心中的理想学校",让全体教师畅谈自己心中的希望与构想。我把教师的希望吸纳到自己的构想中,再以此为讨论的基础,广泛征询教师的意见。

对于学校来说,以人为本的落脚点是以生为本。学校好不好,学生最有发言权。为了打造一所适合学生学习、生活的快乐校园,我们又发动学生(新学校建好后,有一所小学的全体师生迁入新校园)为新学校设计校徽、校风、学风等。我们把新学校文化构想的三维动画图播放给学生看,让学生提建议。在学生的建议下,学校新颖的校徽诞生了;在学生的建议下,新校园走廊文化更富有童趣了。

在短短的一年时间内,就有来自甘肃、重庆、江苏、贵州,以及浙江省内的近百所学校的同人前来参观学习。

"尽管这是一所新学校,但徜徉其间却没有一点新校园的感觉。你们真正做到了把办学思想、校园文化与建筑融为一体。走在校园里,抬头低头都能感受到学校的用心和教育人的追求。"这是一位参观者的感叹。

尽管为了筹建新学校,我人变瘦了,皮肤晒黑了,嗓子变哑了,头发变白了,但留在我心间的更多的是幸福。尽管当校长仅两年又四个月,但谁能赶上这么好的一个机缘,一当校长就参与筹建一所新学校呢?谁能遇到如此开明的上级部门,可以让校长把自己的思想融进建筑里呢?

这种幸福感，来自我真切感受到了党和政府把教育摆在了优先发展的地位。这种幸福感，来自我赶上了一个新时期。

勤思，做一支有思想的芦苇

回顾自己的心路历程，多读、多看、多听、多想是我一路走来的感悟。为了当好校长，除了阅读有关治校方略的书籍、报纸、期刊外，我最喜欢做的事就是把《中国教育报》校长周刊和陶继新老师编辑的全国各校经验介绍版面整理出来，集中学习。我对读书做过一个形象的比喻。读书分两种：一种就像女人逛街，另一种就像男人逛街。女人逛街，出发前一般没有目的，看到好的就买下。男人则不同。男人一般都是要买某种东西才上街，去了以后直奔要买之物，买好即回。我的读书方式大概就属于"男人逛街"型。这种阅读方式，让我养成了对某一问题做深入思考的习惯。带着发现的眼光去看待生活，让我学会了捕捉。我们学校的许多文化构想都是在借鉴了全国各地学校优秀校园文化的基础上设计出来的。有时《人民教育》封面学校介绍中的一张图片都会让我受到启发，产生灵感。我经常把人比作茶壶与茶杯。生活中，有些人喜欢做茶壶，在群体中喜欢滔滔不绝，倾倒自己"壶"里的茶水。我却喜欢做"茶杯"，吸收茶壶里倒出来的"茶"。教育家苏霍姆林斯基说过：校长对学校的领导，首先是教育思想上的领导，其次才是行政上的领导。做一名校长，有思想是首位的。要有思想，必须学会反思，善于从日常小事中看出本质，由具体到一般，再由一般到具体。这就需要概括，需要总结，需要反思。

我自认为自己不属于那种聪慧型的校长，但我坚持"笨鸟先飞，不停地飞"，坚持"海纳百川，有容乃大"，坚持"埋头走路，又不忘仰望星空"。在校长管理岗位上，我用思索丈量着前行的路，探寻着理想与现实间学校掘进的方向。

图 1-4 为充满童趣的校园石雕。图 1-5 为七彩萤儿。

图 1-4 充满童趣的校园石雕

图 1-5 七彩茧儿

（此文发表于 2011 年 8 月 23 日的《中国教育报》，收入本书时略有修改。）

新校长要有"五敢"

寒暑假往往是中小学校长岗位变动相对频繁的时期。或是升任，从学校中层岗位提拔为副校长、校长；或是调任，从甲校调到乙校。到了一个新岗位，到了一所新学校，新任校长该怎么做呢？我有这样的几点体会。

——题注

到了一个新岗位，到了一所新学校，校长要深入学生、教师之中，了解全校师生的情况，了解大家关心的问题；要深入教师办公室，深入课堂，了解学校的发展现状以及优势与不足，摸清学校的全局。正如毛泽东同志曾经说过的：没有调查研究就没有发言权。除此之外，一位新任校长，还要有"五敢"意识。

敢于亮相

对于新任校长，教师在看，我们是不是林中虎、水中龙；是不是从善如流、虚怀若谷的诸葛亮；是不是善于倾听多方意见、心胸开阔的校长；是不是以校为家、勤勤恳恳的校长。可以说，全校师生都在观望。新任校长要敢于亮相，表明自己的为人处世风格，表明自己的立场与原则。我们的长处是什么，短处是什么。我们喜欢的、倡导的是怎样的一种团队文化等。在适当的场合，要和教师交底，并身体力行，用自己的行动诠释自己。敢于亮相，表明的是一种态度，更重要的是确立一种文化。亮出自我的同时，也是接受民主监督的开始，更是不断完善、成长的开始。

敢于决断

　　领导工作千头万绪，但大事只有两件：一是出主意做决策，二是用干部用人。尽管在实际工作中，我们要淡化领导身份，强化管理责任。但不可否认，作为一校之长，我们时常需要决断。该拿主意时，就得拿主意；该拍板时，就要拍板。要敢于承担风险，敢于承担责任。不可优柔寡断，不置可否。当然，敢于决断，不是固执和自以为是。决断前要学会俯下身子，走到教师中间，倾听教师的心声；决断前要懂得商量，和中层以上领导一起分析问题，选择策略。决断前要善于排序，在几种方案中优中选优。要做到先策后决，多策少决，有策有决，重点在决。要善于使用"外脑"。

敢于放权

　　尽管我们倡导校长要身先士卒，时时处处起模范带头作用，但不可否认的是新任校长最容易犯的毛病就是事必躬亲，把副校长、中层管理者、教师做的事也做了。谈到这里，我想起曾经看过的一个小故事：《留个缺口给别人》。在一位企业家做报告时，一位听众问："你在事业上取得了巨大的成功，请问对你来说，最重要的是什么?"企业家没有直接回答。他拿起粉笔在黑板上画了一个圈，但是并没有画圆满，留下了一个缺口。他反问道："这是什么?""零。""圈。""未完成的事业。""成功。"……台下的听众七嘴八舌地答道。他对这些回答不置可否。"其实，这只是一个未画完整的句号。你们问我为什么会取得辉煌的业绩，道理很简单：我不会把事情做得很圆满，就像画个句号，一定要留个缺口，让我的下属去画圆满。"

　　"上者为闲""智者在侧""能者居中""专者居前"。校长不能陷入事务主义，事无巨细都必须自己动手。敢于放权，让下属各就各位，各尽其责，谁主管，谁负责。充分放权，就是对下属的最大信任与尊重。管理是一门艺术，放权不仅能调动团队中每一位成员的积极性，更能大大提高办事效率，形成人人有事做、事事有人管的局面。

敢于挑担

　　新任校长不仅要做到有功劳不伸手，有苦劳不计较，有疲劳不抱怨，更要做到有责任敢于承担，有批评主动揽过，有过错敢于挑担。学校既要完成上级布置的任务、下达的指标，组织参与各级各类竞赛，接受上级督导、检查与评估，又要接受家长、社会的监督。开门办学，可能会出现竞赛失利，工作不到位被上级批评，服务没做好被家长苛责等现象。这时候，作为一校之长，我们要敢于承担责任，为下属挑担。推功揽过，体现的是校长的一种胸襟；推功揽过，展现的是一种文化和境界。敢于挑担，不仅是对下属的一种关爱与呵护，更是一种无声的教育。

敢于批评

在这五个"敢"中，对于新任校长来说，恐怕"敢于批评"是最难的。新任校长，有试用期，要接受上级主管部门的考核，要接受全体教职员工的民主评议。有些新任校长，因为有种种顾虑，工作上总是缩手缩脚、放不开。我认为老好人肯定不是称职的校长。作为一校之长，我们面对学校里的不良风气、不当行为，如果总是瞻前顾后、前怕狼后怕虎、不敢批评，短期内好像关系很和谐、氛围很融洽，但从长远来看，一定会带来问题。回避，不等于问题不存在。遇到该批评的人和事，一定不要为求得所谓的太平，总想绕开它。因此，新任校长要敢于批评，敢于说不。当然，批评要讲究策略，批评要注意场合，批评要对事不对人。

彼得·德鲁克说：归根到底，管理是一种实践，其本质不在于知，而在于行。可见，管理是一门艺术，而且是一门实践性很强的艺术。以上"五敢"是我担任校长的实践体会，绝不是放之四海皆准的准则。每个人对一个新岗位的体悟都不可能是一样的。写下这些体会，只是想和新任校长们分享。愿更多的同人在校长岗位上日臻完善，成长为教育家型的管理者。

（此文发表于 2011 年 9 月 20 日的《中国教育报》，收入本书时略有修改。）

不同发展期应有不同管理智慧

在初创时期，办学校犹如带兵打仗，校长要冲在前面；在提升时期，办学校犹如带兵跑步，校长要侧居中部；在稳步发展时期，办学校犹如部队行军，校长要敢于殿后。借用部队里长官带兵打仗的三种不同位置来说明校长的角色变换，我想阐述的是，在不同时期校长的定位是不同的。

——题注

在副校长、校长的岗位上锻炼了多年，我悟到了许多管理之道。校长在一个团队中不同时期应该站在不同的位置上。新到一所学校或者学校处于初创时期时，应该站在什么位置；和教师相熟几年或者学校处于提升时期时，应该站在什么位置；在一所学校任职多年或者学校进入稳步发展时期时，又该站在什么位置。我发现这里面很有学问。

冲锋在前

在初创时期，办学校犹如带兵打仗，校长要冲在前面。在这个时期，学校蹒跚起步。我的体会是做校长的要身先士卒、以身作则、事必躬亲、冲在前面。校长既要当清洁工、搬运工，又要当指挥官；既要当决策者，又要当实施者、执行者。冲在前面，要求校长比教师早点到校，晚点下班；冲在前面，意味着校长是示范，是样板，是标杆；冲在前面，暗示着"请教师跟我这样做"。我觉得初创时期的校长要带领全体教师一起为学校"打地基"，为学校这块崭新的画布涂抹底色。这所学校的文化氛围、工作作风如何，这层底色的涂抹至关重要。底色涂抹好了，"不用扬鞭自奋蹄"的校园氛围很容易就会形成。相反，如果这个底色没有涂抹好，以后再去修缮就难了。

工作中，我们会听到这样的告诫：校长千万不要事必躬亲，人的精力是有限的。校长要宏观考虑，要把时间和精力放在规划和决策上。甚至，有人会把"事必躬亲"当作弱点来评价一位校长。我觉得这种说法是片面的。一个人扮演的角色要根据不同的时间和空间来确定。"得其时，当其位。"卓越的足球运动员总是在恰当的时间出现在恰当的位置上。同样的道理，在初创时期，校长就应该"得其时，当其位"，冲在队伍的前面，像一面旗帜引领着团队向前走。

冲在前面，不仅要求校长"动人以行不以言"，具有以身作则的工作作风，还要求校长有学术引领与示范作用。深入课堂，不离讲台；深入师生，沉潜在校。在初创时期，学校要往哪里发展，如何找到适切的学校定位与特色，如何打造品牌学科，如何建设教师队伍等，都需要校长进行引领。如果说事必躬亲要求初创时期的校长具有实干精神，那么学术引领则要求校长具有过硬的业务水平。苏霍姆林斯基说：如果你想成为一个好校长，那你首先得努力成为一个好教师，一个好的教学专家和好的教育者。陶行知说：校长是学校的灵魂。有什么样的校长就有什么样的学校。

冲在前面，要求校长不仅深谙教育教学和人才培养规律，具有先进的教育思想，对教育教学问题有独到见解和科学的解决方法，还要求校长做学校文化的引领者、课程实施和校本课程开发的引领者，以及教师发展的引领者。

侧居其中

在提升时期，办学校犹如带兵跑步，校长要侧居中部。部队里班长、排长带领士兵跑步，常常跑在队伍侧面居中的位置。体育教师带领学生跑步时，班主任带领学生出操时，基本上也都是侧居队伍中部。为什么要站在这个位置？我想，恐怕与这个位置的作用有关，跑在这个位置上可以照应前后、关照到队伍。学校进入提升时期，就好比校长带着一支队伍跃进在盘曲向上的乡间公路上，教师团队就像几列跑操的士兵。优秀的教师跑在前面起带头作用，普通的教师跑在队伍的后面。校长侧居中部，既是一个当局者，压着这支队伍前进的节奏；又是一个局外人，侧过头来可以审视队伍中的每一个个体。队伍跑快了，校长退后几步，督促后面的不要掉队；队伍跑慢了，校长往前快跑几步，提醒前面带队的注意脚下步伐。发现前进道路上有坑坑洼洼等意外情况时，校长随时做出队伍调整的指令，或绕道，或原地跑，或立定脚步休息。侧居队伍中部，在队伍立定休息时，下达一个左转或右转的指令，就可以让团队和校长面对面。此时，大家或立定脚跟，总结评点；或盘腿而坐，促膝谈心。

敢于殿后

在稳步发展时期，办学校犹如部队行军，校长要敢于殿后。行军打仗分先锋部队、主力部队和殿后部队。当校长的要像行军打仗的部队长官那样，在学校进入稳步发展时期时，要敢于做殿后部队，善于做殿后部队。殿后绝不是把危险、困难留给下属。我借用这个比喻想说明的是，殿后意味着功劳面前不抢，责任面前不推，过错面前勇担。殿后意味着托举别人，把出头露面的机会让给别人，把建功立业的锻炼平台留给别人。殿后意味着让教师做主角，唱大戏，校长在幕后做服务工作，当灯光师、调音员，为主角跑腿，做好后勤服务。已故两院院士王选，2001年荣获国家最高科学技术奖，在接受记者采访时说："今后衡量我贡献大小的一个重要指标，就是发现了多少年轻才俊。"学校进入稳步发展时期，当校长的就要学王选，把扶持人、培养人作为自己的主要工作。

校长敢于殿后就是要树立当后勤部部长的服务意识。先锋部队、主力部队需要什么，有什么后顾之忧，我们作为殿后部队就要紧密配合。殿后还有两个好处。一是校长将团队中的每个成员看得一清二楚，可以知人善任，及时调整队伍；可以给每个成员指明发展方向。二是当学校遭到外部力量干扰的时候，校长可以迅速变成掩护部队、先锋部队为团队挡风遮雨，使其免受干扰。

对校长位置的思考是我在工作中的一点体会与感悟。借用部队里带领队伍的三种不同位置来说明校长的角色变换，我想阐述的是，在不同时期校长的定位是不同的。当然，我论述的只是一个维度的思考结果。其实，每一个发展阶段，都需要校长或前或中或后的站位，包括深入教师队伍中间，沉潜课堂一线等。借用这个比喻，只是为了说明校长在不同学校、不同历史发展阶段的侧重点是不一样的。人活在这个世界上，最大的限制是时间和空间的限制。时间和空间的转换之中，包含的正是对位置的思考。校长只有善于调整自己的位置，才能引领学校、教师更快更好地发展。

（此文发表于 2013 年 5 月 8 日的《中国教育报》，收入本书时略有修改。）

必须让常规制度这双"鞋"合脚

鞋子合不合脚，自己穿着才知道。适合的才是最好的。同样的道理，制度符不符合学校实情，本校教师最有发言权。在设计、制定与执行常规制度的过程中，我们既要博采众长，又要从实际出发。

——题注

淮南的柑橘，又大又甜。可是橘树一种到淮北，就只能结又小又苦的枳。"南橘北枳"说明同一物种因环境条件会发生变异。同样的道理，一些新的教育理念和好的规章制度，由于学校所处区域不同、发展状况不一样，在被引进后也会出现"水土不服"的现象。在考察多所不同类型的学校时，我发现处在信息时代，有些学校的常规制度有"千校一面"的现象。此外，对常规制度的看法，校长和教师存在着很大的差异。这究竟是什么原因呢？根据我的观察，同时结合我个人的一些认识与体会，我想就这个话题和大家分享几点自己的理解。

鞋合不合适，脚知道

这几年，我有幸常到一些学校考察。在考察的过程中，我发现这样一种现象：不论学校是地处乡村还是城镇，不论学校是集团化学校还是只有十几个班级的学校，翻看它们的常规制度，都有一种似曾相识的感觉。有的学校总共就三四十位教师，竟然从校长到文印员的岗位职责一应俱全，厚厚的，极为详尽。

学校常规制度的制定、出台一定要注意适切性。不同的学校处于不同的发展阶段，制度是不尽相同的。"三大纪律、八项注意"从被提出到定稿，经历了一个不断完善和丰富的过程。"三大纪律、八项注意"通俗易懂、简洁明了、朗朗上口，加起来不足 100 个字。别看它不足百字，但在那个年代，越简单、越通俗易懂越有效。

从"三大纪律、八项注意"的确定来看，制度要因地制宜、与时偕行。鞋子是紧是松、是软是硬，最有发言权的当属我们的脚。如果我们脱离本校实际，制定一些看似详尽的常规制度，最终只会走入形式化的窠臼。

制定教育制度不能一刀切

制定学校制度最忌讳束缚和压抑教师的积极性和主动性。没有积极性和主动性，教师就会缺乏主动的创造空间。只有当学校制度最大限度地发挥了教师的主观能动性的时候，才算达到了制度制定的预定目的。学校常规制度，特别是教学类常规制度，要避免一刀切。就拿备课制度来说，由于教师任教的学科不同、教师的年龄不同，以及教师信息技术的掌握度存在差异，因此我们在制定备课制度时，不能采用一刀切的方式。我们应该针对不同学科、不同年龄段的教师，提出不同的备课要求。喜欢用电脑备课的教师，我们就让他编写电子教案；电脑水平一般的教师，我们允许他手写教案。刚走上工作岗位不久的教师，我们要求他备详案；优秀的教师则可以写简案，甚至对其实行教案免检制度。

教育是一门科学，更是一门艺术。会加减乘除不等于就会当小学数学教师，会唱歌弹琴不等于就会教学生学习音乐。哪怕精通教育学、心理学等理论知识，初次面对学生时同样会有束手无策的尴尬。为什么会这样？因为教师面对的是一个个鲜活的生命个体。正因为这样，学校制定常规制度时不能像企业那样一刀切，进行标准化、量化。曾经有一段时间，全国有些学校纷纷引进 ISO 9000 和 ISO 9001 质量管理体系。现在回过头来看，质量标准指标和庞杂的制度体系还有多少在发挥着作用呢？我们说基本的教育教学常规制度是必要的，但有了这个基本制度之后，在调动全体教师的积极性、创造性方面，恐怕"一刀切"是一个比较差的选择。有人说，教育是个良心活。这种通俗的说法从某种意义上也道出了教育工作的复杂性、长期性和效果的延后性。因此，作为学校的管理者，我们在制定常规制度的过程中，千万要注意因人而异。

学校常规制度贵在守常

"1 月 15 日，召开年度工作会议；7 月 11 日，高级职称评审考试和答辩；9 月 25 日，全市中小学运动会；10 月 16 日，培养良好习惯现场会……"这是魏书生老师担任盘锦市教育局局长几年来雷打不动的日程安排。到什么点干什么事，从上到下，大家都知道。"坚持把制度变成一种习惯"是魏书生老师做班主任、当校长、担任局长不变的一条原则。魏书生老师担任局长期间给盘锦市各中小学生提出的每天做到"五个一分钟"既简单又不简单。简单在于人人都能做到，不简单在于持之以恒、坚持不懈很难。

魏书生老师的这些管理举措让我们明白一个道理：学校常规制度贵在"守常"。这就好比马路上的红绿灯，不能因为用的时间久了，感觉不新鲜了，就来个创新，换成紫色的、蓝色的。那是要乱套的。同样的道理，常规制度不能因为一时头脑发热，今天这样，明天那样。

尽管这个道理大家都明白，但在实际工作中我们会发现，为了求新，为了与众不同，为了制度本身之外的效应，还是有一些学校、校长会不停地推行新的制度。在信息时代，有些校长外出交流多了，培训多了，考察多了，见识也广了。看到这所学校的这项制度好，想学；看到那所学校的那项制度好，也想用一用。结果使教师们无所适从。

其实，常规制定的推行，需要我们潜下心来，守住那份淡定和淡泊。

（此文发表于 2013 年 10 月 9 日的《中国教育报》，收入本书时略有修改。）

激活教师校本培训三招鲜

校本培训是学校的一项常规工作，如何激活校本培训，让校本培训充满活力，成为教师的最爱呢？第一招：培训结束后谁做总结发言——抽签决定；第二招：与时俱进拓展校本培训的内容——集体看电影；第三招：主题论坛，今天听我的——教师百家讲坛，让全体教师成为施训者。这三招一下子就搅动了教师校本培训的这池春水，让校本培训富有创新性，又充满生命活力。

——题注

伴随着新课程改革的深入实施，教师培训工作也被提升到一个新的高度。在各级各类培训中，校本培训对教师专业成长起着十分重要的作用，有着举足轻重的地位。就学校而言，不外乎是做好三件事：学生发展、教师发展、学校发展。在这三个发展中，教师发展是关键。只有教师发展了，学校才能发展，最终才能实现学生的发展。百年大计，教育为本；教育大计，教师为本。教师是推动教育发展、学校发展的关键因素。而校本培训又是推动教师发展的重要因素。如何激活校本培训，让校本培训充满活力，成为教师的最爱呢？我想和大家分享我们学校的三个做法。

培训结束后谁做总结发言——抽签决定

校本培训已经成为教师校园生活中的一个重要组成部分。几乎每所学校每学年都会约请许多专家到学校进行指导、做讲座。除了约请专家外，许多学校还会通过组织大型研讨活动、搭建舞台展示培养教师。另外，以学科为单位组织的教研组活动、备课组活动更是每周都会发生。

这些活动中，存在这样一种现象，那就是校长、教导主任、教研组组长等一小部分骨干很忙碌，而此外一部分教师都是被动参与的，他们带一双眼睛、一对耳朵即可。这些教师常常一边听课、听讲座，一边做其他事、心不在焉。如何改变这种现状，让教师每次参加活动都能心无旁骛、全身心投入呢？通过反复思索，我找到了一个绝妙办法，而且屡试不爽。那就是培训结束后谁做总结发言，用抽签的方式确定。

不论是学科教研活动结束后的即兴评课，外请专家来做报告、讲座后的听后感受总结，还是承办大型活动的总结发言，都用抽签的方式确定人员。这一招还真得很灵，参与活动的每一位教师都不敢掉以轻心了，从而促使全体教师提前备课。为了评好课，他们会去主动熟悉内容，去了解上课教师的设计思路及教学目标等。为了能准确把握专家讲座的核心思想，他们会提前去搜索有关专家的情况。同时，这也极大地提高了全体教师参与活动的专注度。抽签决定谁最后发言意味着人人都有被抽到的可能性。这样一来每位参与活动的教师在听讲的过程中都必须认真，而且一边听还必须一边建构自己的发言稿。怎么评课，怎么总结专家讲座的思想，都得在听的过程中构思好。带着任务去听和没有任何压力去听是完全不一样的。另外，还极大地提高了教师即兴发言和口头表达的能力，而且使教师思维的敏捷度有了很大的提高。尽管最终被抽到的是个别人，但实际上在场的每个人都在准备。被抽到的人是怎么总结的，自己又是怎么总结的，在对比中大家都能悟到许多东西。这种培训方式一旦形成制度、形成文化以后，就能极大地改变一个群体的思维面貌、语言面貌，极大地促进教师综合素养的提升。

与时俱进拓展校本培训的内容——集体看电影

随着社会的发展，促进教师专业成长的培训方式要改革创新，校本培训的内容也要与时偕行、与时俱进。在日常的工作中，我经常为难以请到能给全体教师做讲座的专家而苦恼。学校两周一次的业务学习，往往只有一个半小时左右的时间。请县市区教研员、特级教师、名师名校长做讲座，往往他们的学科针对性比较强，在满足了某一学科教师的同时，似乎让其他学科的教师有陪听之感。请大学里的专家、教授来讲座，他们往往又和教师距离比较远。选择什么样的内容来组织两周一次的教师业务培训呢？我想到了看教育类的电影。

只要留心，我们就会发现以学校、教师和儿童为题材的电影非常多。《蝴蝶》《凤凰琴》《死亡诗社》《热血男儿》《放牛班的春天》《上一当》《音乐之声》《背起爸爸上学》《一个都不能少》《跑吧，孩子》等都是和教育有关的电影。这些电影有的从哲学的高度阐述教育的艺术，有的从音乐、美术的作用说明教育的强大力量，有的通过乡村教师的艰辛彰显高尚的师德，有的从儿童的视角出发反思教育。选择观看教育类电影有很多好处。第一，成本低、成效高。信息时代的网络资源十分丰富，选择观看教育类电影不仅成本低，而且成效高。教师忙碌了一周，身心疲惫，观看电影有利于寓教于乐。第二，集体观看氛围好。我们都有这样的体验，看世界杯足球比赛最好是一群人聚集在一起观看，在观看过程中相互之间的感染作用大。同样的道理，集体观看教育类电影的氛围远远好于布置给教师回家观看。第三，内容新颖、受众面广。教师校本培训的内容是观看电影，这种内容没有教师不喜欢的。另外，电影人用影像、声音来描述教育，可以说是跳出教育看教育。教师通过电影去思考教育，虽然看的是同一部影片，但每个人的感受是不同的。

主题论坛，今天听我的——教师百家讲坛

为了充分激活教师的专业发展热情，变被动的"要我培训"为主动的"我要培训"，也为了避免出现骨干教师"一言堂"的不良现象，我们推出了教师百家讲坛。每学年我们会提前确定一个大的主题，譬如"我心目中的理想教育""如何打造幸福校园"等。每次学校工作例会和校本培训前10分钟至15分钟，都会请一位教师组织主题论坛。为了提高论坛的质量，我们规定参加论坛者至少需要提前两天上交论坛文字稿和课件，供教科室主任审核。每学年主题论坛开讲者一般为外请专家或者校长。1个月4个星期，一般会有4位教师参与论坛。每月结束后，全体教师投票选出一名"月坛主"，学校给予一定的物质奖励。一学年结束时产生的近10位"月坛主"再次进行对决，最终选出1名"年度总坛主"，学校给予丰厚的物质奖励，并颁发精美奖杯一座。年度总坛主的对决活动既可以放在每学年结束时的7月，也可以放在新学年开始时的教师节庆祝表彰会上。

教师百家讲坛推出后，一个学年就会有将近40位教师参与。这种论坛活动，对教师的促进与激励作用是很大的。第一，论坛给全体教师搭

建了一个展示的舞台。在有些学校，一年到头一些教师都没有机会在全体教师面前发言、讲话。长此以往，这些教师就会出现在大众面前说话怯场的现象。有了教师百家讲坛，教师就有了锻炼的平台。第二，论坛推动教师主动学习、进行实践反思和写作交流。主题论坛，让教师养成了专题式、主题式阅读习惯，使他们就某个问题能不断深入研究，向纵深发展、研讨。第三，论坛让大家分享了许多经验，看到了身边的榜样。教师不仅可以向书本学，向专家学，更重要的是可以向身边的同事学。同时往往身边同事的鲜活的案例、成功的经验用起来更得心应手。对于学校来说，一个学年下来，近40位教师围绕一个主题阐述的内容就是丰富的资源包。长此以往，学校的办学水平必定能得到长足发展。

激活教师校本培训，三招搅动一池春水。这三招是我们在教师校本培训中不断探索、实践和提炼出来的，富有创新价值，充满生命活力。

（此文发表于2013年1月16日的《中国教育报》，原标题为《创新培训方式吸引教师主动参与》，收入本书时略有修改。）

教研组活动：从"卷入"走向"深入"

> 如果将学校比作一个人的话，教研组和年级组就好比人的两条腿。两条腿要一样长、一般粗，才能健步前行。抓好教研组、年级组的建设，是学校管理中非常重要的基础工作。然而，在一些学校的实际管理中，教研组、年级组这两个基层的管理组织，往往得不到很好的重视。教研组活动中，教师参与热情不高，活动收效甚微，如何改变这样的现状呢？
>
> ——题注

如果将学校比作一个人的话，教研组和年级组就好比人的两条腿。两条腿需要一样长、一般粗，才能健步前行。抓好教研组、年级组的建设，是学校管理中非常重要的基础工作。当下，部分学校教研组的意义与功能在逐步弱化。一些规模比较大的学校，或者人数比较多的学科教研组出现式微现象。问题还是出在对教研组的定位、对教研组的指导以及发挥教研组组长的作用等方面。在有所欠缺的教研组活动中，教师往往不是主动深入地研讨的，而是被动卷入地研讨的。

教研组的价值在于学科引领

在学校管理中，校长要树立教研组是学科建设的主战场，教研组组长是学科建设的主心骨的理念。校长不仅要自己树立这样的理念，而且要把这种理念传递给每一位教师。

某一学科在未来一年或者三五年内，共同的研究方向是什么？该学科在全校所有学科中处于怎样的发展状态？如何组织教师备课、进行质量测评？该学科教师队伍构成有何优势、劣势？学校管理团队要定期组织教研组组长、学科骨干一起探讨思考，并将探讨达成的共识形成学科建设的规划方案。教研组要按照既定的方案，推进学科组建设。一所学校是由若干个教研组构成的。每位教师在行政管理上隶属于年级组，在专业发展上隶属于教研组。只有教研组强大了，学校的教学质量才能提升。

综观全国各地许多名校，我们会发现这样一种现象：当提及某所名校时，我们印象深刻的往往是该校的某一学科非常厉害。在一定意义上，成就这类名校的，不是学校管理，而是该校的品牌学科。这一点在浙江省宁波市显得尤为突出。宁波市中小学自全国新一轮课程改革以来，一直把教研组建设作为推进课程改革、深化课程改革的一个抓手。全市每三年开展一次"星级教研组"评比。长期以来，大家达成了共识：教研组是学科建设的主战场，教研组组长、学科骨干是学科建设的引领者、主心骨。因此，教研组式微现象在宁波市基础教育领域并不普遍。

教研组的生命在于活动专题化

学校教研组式微的一个重要原因是活动过于随意，缺乏专题策划，没有系统性。

有些学校的教研活动的基本情况不外乎是，在每学期开学的前两周，教研组组长根据上级教研部门的计划、学校的计划，简单编排一个学期教研计划，规定哪些教师要承担研讨课、这一学期需要参加哪些相关活动等。在这种传声筒式的、事务布置型的教研组内，教师参与的积极性比较低。在这类教研组活动中，教师参加的意义不大，收获也不多。这些教师来参加教研组活动，要么是迫于考勤压力，要么是处于被动状态。

活动专题化则是教研组的生命线。如果校长、教研组组长和学科骨干能够就某个学科精心规划一学年的教研活动，每学年或者每学期围绕某个专题进行集中研讨，教研组活动才会有吸引力、号召力，教研组活动才会迸发出蓬勃的生机。

以我们学校教研组建设为例，语文教研组围绕"情趣作文教学""古诗词教学"，通过几年的探索实践，在作文和古诗词教学上取得了许多成绩，并被评为宁波市三星级教研组，出版了相关论著，发表了相关论文。这些成果几乎惠及教研组的每一位成员。数学教研组围绕"玩转数学"，开发了一套有助于学生热爱数学的"好玩的数学"校本课程。体育教研组则围绕"体验、体悟、体育"，探索形成了"体悟式体育教学"新范式。

教研组活动专题化，既可以围绕某个课题进行几年的探索，也可以就教学内容、教学问题进行一学期的集中研究。这样的教研组活动会减少组员被动、被迫参加的窘况。

教研组的活力在于活动形式灵活

教研组式微的另一个原因是一成不变的活动形式。学校的教研组活动一般有两种：研讨课＋评课、专家讲座。久而久之，教师就陷入了疲于应对的状态。如何让教研组始终充满活力呢？学校需要不断创新教研组活动形式。

我们在教研组活动开展过程中，进行了一些方式上的创新。例如，进行全组展示式教研，即将某次教研活动交给组内一个年级的备课组来承担。这个备课组，先要给大家做一个主旨微报告，然后围绕这个主旨推出一节研讨课。接着本组其他几位教师根据主旨、研讨课进行沙龙式观点碰撞。目前的教学较多采用同课同构方式，即通过前期研讨，确定一节课的教学设计、课件，由两位不同层次的教师用同一份教案、课件，分别展示这节课。在两名教师的授课方式比较中，年轻教师容易领悟课堂教学的魅力与艺术。同课异构式教研则是指就同一个教学内容，将教研组成员分成两组，分别研讨备课，然后选出一名成员上课，展示两个小组不同的研讨成果。教学思想研讨式教研则是指以组内某位名师为研讨对象，采用他和徒弟合作展示的方式，完成一次教研活动。

一成不变的教研活动，变成了一次次充满期待的有新鲜感的教研旅程。组内教师不再是被动参加的旁观者，而是积极参与的培训者。"最有效的培训，就是让受训者成为培训者"的理念，同样适合用于学校教研组活动。

教研组的意义在于助推教师发展

把教师专业发展的使命交给教研组，让教研组成为助推教师专业发展的训练营，也是避免教研组式微的有效举措。

如何激发教研组的活力？在校长工作总结中，我的认识有二。一是唤醒教研组组长的使命意识。我认为，教研组组长是学科组的能量源，因此要不断给教研组组长充电，让教研组组长成为教研组的动力源。教研组组长也是摆渡人，每一次教研活动都犹如艄公摆渡乘客。徜徉在湖光山色中，乘客是欢呼雀跃的，还是提心吊胆的，依赖摆渡人的水平。教研组组长同样也是检修工。每次摆渡完成后，他们都要检查救生衣和船体是否有损坏，记录一下摆渡的信息。教研组组长更是探路人。长期摆渡一条线路，游客厌倦了怎么办，所以要去开辟新的航线，让游客赏一赏新的风景。

二是唤醒教研组的使命意识。对于学校教师队伍建设而言，青年教师的成长以及优秀教师的成名成家，都需要依托教研组这个专业发展的大本营。把教师参加各级各类赛课、教坛新秀、学科骨干等评比的磨课工作交给教研组，让教研组承担起这些与教师专业发展息息相关的任务与使命。这样一来，不仅能增强教师对教研组的依赖感、归属感，还能增强教研组的向心力、凝聚力。自然而然地，教研组在教师心目中的地位就确立了。

（此文发表于 2018 年 6 月 6 日的《中国教育报》，收入本书时略有修改。）

慎用悬顶之剑　践行依法治校

依法治校、依法治教是深化改革、推动发展、化解矛盾的基石，是构建和谐育人环境的保障。法如同达摩克利斯之剑，始终高悬于我们头顶，只有心中有法才能依法办学、科学治理。法如同悬顶之剑，守护好悬剑的细线，不使其被斩断，永远不让达摩克利斯之剑掉下来，是学校、教师、学生、家长乃至整个社会所期望的。

——题注

全面推进依法治国，是实现国家治理体系和治理能力现代化的必由之路，是实现中华民族伟大复兴中国梦的必由之路。教育是社会的重要组成部分。依法治校、依法治教是深化改革、推动发展、化解矛盾的基石，是构建和谐育人环境的保障。

依法治校、依法治教需要我们增强法治观念，提升依法治校能力，提升依法科学管理能力。法如同达摩克利斯之剑，始终高悬于我们头顶，只有心中有法才能依法办学、科学治理。法如同悬顶之剑，守护好悬剑的细线，不使其被斩断，永远不让达摩克利斯之剑掉下来，是学校、教师、学生、家长乃至整个社会所期望的。

我们学校创办于 2010 年，在学校管理、教育教学中从未出现过学校或教师与学生和家长因矛盾冲突而对簿公堂的情况。由第三方评估机构出面做的问卷调查、座谈等结果显示，我们的家长对学校的满意度达94.0％，学生对学校的认可度达 97.9％，教师对学校的归属感达93.6％。面对这么好的数据，参与评估的专家希望我能谈谈其中的原因。我觉得应该先归功于依法治校，归功于我们一起守护好悬剑的细线。现就我的体会，与大家分享如下几个方面。

教师——边鼓常敲、依法治教

俗话说，隔行如隔山。尽管我们都明白知法守法的道理，但总体而言，教师群体对法律知识的认知是个体知识体系中的一个短板。不论是上级主管部门、教育培训机构还是学校，相对来说，对教师师德师风、专业能力的培训都特别重视，而对普法教育这一块不够重视。与教育密切相关的《中华人民共和国义务教育法》《中华人民共和国教师法》《中华人民共和国未成年人保护法》等，我们也较少进行集中学习、系统培训。

依法治校、依法治教需要我们高度重视普法教育。长期以来，我们学校一直把普法教育作为政治学习、业务培训中的一块重要内容。在每年暑假，我们都会安排有关专家对全体教师进行一次专题培训。同时，我们会安排教师收集整理过去一年来全国各地发生的家校纠纷案例。我们按照安全事故、教师行为不当、群体事件等进行分类，选取典型，作为每个月教师政治学习的内容。每月一个案例，常敲边鼓常保持警醒。我们会选取典型案例，用简洁的语言对案例进行描述，然后发给全体教师，要求教师参照相关法律法规，对案例进行分析处理。等全体教师分析处理后，我们再将案例真实的处理结果公布给大家。在对照中，大家强化了法律意识，提高了对依法治教的认识。

我们给全体教职员工编印了《校园行动指南》。在行动指南中，我们汇编了与教育密切相关的法律、地方性法规，并且每年都及时进行修订更新，及时补充相关的新规定与通知等。在《校园行动指南》中，我们提出：照"学校制度"去做，出了问题由学校负责；不照"学校制度"去做，出了问题由自己承担。让"学校制度"成为我们的守护神。

常敲边鼓，让教师时刻保持警醒。我们不能做事故的主角。依法治教是让教师明白：法律法规就如同达摩克利斯之剑，要从心所欲不逾矩，就得守护好悬剑的细线。越明白法律法规，越能从心所欲，越能更好地保护自己。

学校——民主管理、开放办学

2017年，教育部颁发了《义务教育学校管理标准》。该标准明确指出：建设依法办学、自主管理、民主监督、社会参与的现代学校制度；提升校长依法科学治理能力；拓宽师生、家长和社会参与学校治理的渠道，建立健全学校民主管理制度，构建和谐的学校、家庭、社区合作关系，推动学校可持续发展。

在践行依法办学的过程中，我们真切感受到越是敞开大门、越是透明，越能赢得家长的认可与支持。我们学校有一个设施设备十分齐全的食堂。当初，在选择经营方式时，学校里出现了两种意见。一种意见是学校自主经营，这样一来教师的午餐问题可以得到解决，还能解决一部分招待等问题。另一种意见是租赁给专业的餐饮公司来经营。两种意见各有利弊。后来我们征求家长议事会的意见。家长议事会通过讨论，认为成立一个以家长代表为主体的膳管会，由膳管会来决定。最后，我们学校的食堂由膳管会出面，采用公开招投标的形式以"零租金"的方式承包了出去。几年来，不仅学生午餐吃得好、家长意见少，我们学校食堂还被浙江省食品药品监督管理局、浙江省教育厅授予浙江省示范食堂称号。我们学校总结提炼出三条经验，即让专业的人做专业的事——零租金承包给品牌餐饮公司；让担忧的人做监督的事——引进家长监督管理机制；让享用的人做评议的事——不断改进优化食堂工作。这些成了浙江省中小学百万学生餐饮安全工程的典型经验。

与学生营养午餐同样让家长不放心的是校服。为了消除家长的顾虑，我们把校服款式、订购厂家的选择权交给了家长议事会。由家长议事会负责联系多个厂家设计款式；然后将10余套不同款式的校服通过校园网，公开接受全体家长的海选投票，根据得票的高低确定校服的款式；接着，我们请服装生产厂家根据款式制作样衣、确定面料参数；最后，让愿意来学校竞标的厂家进行公开招投标。招投标成功以后，所有收费等事项全权由家长代表负责。在整个过程中，学校不投票，不发表意见，不参与经办。

通过举这样两个例子，我想说明的是，依法治校，要拓宽家长和民众参与的渠道，自觉接受家长、社会的监督。当学校公开、透明地办学，把一切事务晾晒在阳光下时，反而能更加赢得家长、社会的理解与支持。江海之所以能成为百谷之王，是因为懂得身处低处。同样的道理，学校要和谐稳定、持续发展、长治久安，需要依法治校、开放办学、时刻接受民主监督。

家长——法外有情、理解万岁

在推进依法治校、依法治教的过程中，我们发现家长、社会对学校的理解、支持尤为重要。当下学校的生态环境值得人们反思。教育、学校、教育工作者只要有一点不当，都很可能成为众矢之的。现如今家长的维权意识、法律意识之强也是前所未有的。学生在校期间的安全问题、教师在教育教学工作过程中的不当言行都可能引发家校矛盾与冲突。

学生在学校难免会磕磕碰碰。那么，我们如何争取家长最大程度的理解与支持呢？我觉得未雨绸缪、加强沟通很重要。为此，我们学校每年在新生入学前，都会安排家长到学校进行三次学习。从6月的父亲节开始至8月31日开学前，我们会分别针对新生家长做"入读一年级，家长您准备好了吗？""理解——架起家校合作的桥梁""沟通——没有解决不了的问题"这样三个专题报告。通过做专题报告，我们让家长知道有意见、建议时如何与学校、教师沟通，让家长明白解决问题不需要媒体介入、处理纠纷不需要对簿公堂。与此同时，我们畅通家校沟通的渠道，建立校长热线24小时响应机制等，聆听家长的心声。

一方面，我们加大宣传与教育力度，把世界各国家校协作中做得好的案例印发给家长，让家长及时了解国外家长是如何面对校园伤害等事件的。另一方面，我们引进监督机制，除了每个学期举行的家长开放日之外，我们还编印家长问卷，定期对家长进行满意度调查。我们学校的德育处、教导处定期通过抽样给家长打电话，及时了解家长对学校管理、教育教学的意见，以及教师是否会体罚等问题。我们始终认为未雨绸缪、防微杜渐远比出了问题以后再处理重要。我们应该看到依法治校、依法治教的"法理"之外，还有"情理"。如果只有"法理"没有"情理"，学校的生态环境将会不断恶化，教育的前景将会越来越渺茫。

正因为我们长期坚持法外有情、理解万岁的宣传与引导，构建和谐的家校合作关系，才不会发生家长借助媒体投诉的事件。

（此文发表于2015年1月16日的《浙江教育报》，收入本书时略有修改。）

防止教师体罚学生的管理策略

自教育部颁布《中小学班主任工作规定》后，人们对班主任"有采取适当方式对学生进行批评教育的权利"展开了广泛讨论。我想，这一规定的出台更多的是考虑到当前班主任不敢管、不敢教育的一种现象。这与"不准体罚和变相体罚学生"是不矛盾的。学校一定要采取有效措施杜绝体罚、变相体罚行为的发生。

——题注

尽管《中华人民共和国义务教育法》《中华人民共和国未成年人保护法》等法律均明确规定，学校、幼儿园的教职员应当尊重未成年人的人格尊严，不得对未成年学生和儿童实施体罚、变相体罚或者其他侮辱人格尊严的行为。但是一些学校、教师中仍然存在体罚、变相体罚的行为。关于教师体罚、变相体罚学生的新闻报道有时会见诸媒体。如何减少、杜绝教师体罚行为的发生呢？除了经常性地加强教育法律法规的学习外，学校还要积极采取干预措施，防止教师体罚行为的发生。

瞧瞧我的得分高不高

在教育教学过程中，一些教师面对犯错的学生时，比较容易急躁，不能克制自己，不能控制好自己的情绪，往往会简单地采取体罚、变相体罚的方式来惩罚学生。这些因为体罚学生受到处分的教师，在事后的交流过程中都表现得很后悔，觉得自己太过急躁。他们认为，如果能让自己冷静一下，延迟教育，就不会采取体罚的方式；如果遇到这种情况，有人提醒自己一下，就不会犯这样的错误。针对这些情况，我想到要给每位教师送一张设计精美又有幽默感的提示卡，让教师把这张卡片压在办公桌玻璃台板下或者贴在讲台桌上。有的教师看到"大发雷霆"对应的角色是"你也是小孩"时都笑了。有了这张提示卡，教师每天上班时都能看到，这无形中给教师做了一次提醒。日子一长，面对"问题学生"，他们克制自己的习惯便慢慢形成了。我们要求教师平时及时统计自己扣分与加分的情况，一学期下来简单总结一下自己在这方面的体会。扣分与加分情况，学校既不检查，也不把它作为考核项目，只是作为提升教师自身修养的一个提示。每学期结束后存入教师各自的专业发展档案册。当教师在一个个学期的对比中，发现加分的次数不断增加，分值不断提高时，良好的专业素养也就形成了，教育技巧、教育艺术也日臻完善。

看看我的笑脸多不多

"学生就是教师的镜子。"春江水暖鸭先知，教师情绪学生知。教师今天心情好不好，学生最容易感受到，特别是班主任的情绪对一个班级的学生来说太重要了。如果班主任今天阳光灿烂，学生就会特别活跃、开心。对于教师来说，比学识更重要的在于为学生营造宽松愉悦的成长环境，构建民主和谐的师生关系。如果教师每天都能面带微笑地对待学生，充满阳光和朝气地与学生相处，学生往往会变得自信、阳光，对学习的兴趣会更浓，心理负担也会少得多。为了引导教师减少不良情绪，每天都能微笑着面对成长中的学生，我们给每个班级设计了一张"看看我的笑脸多不多"的心情晴雨表。一个月一张，每个班级安排一位学生负责给教师画心情。学生根据教师一天的心情状态，为教师画笑脸、严肃的脸、生气的脸、发火的脸。对于这张表格，我们同样不进行检查、考评。我们的目的只有一个：促使教师自我反思。当真实的心情晴雨表呈现在教师面前时，教师受到的触动是很深的。教师会深刻意识到自己在学生的心中很重要，自己的情绪可能会直接影响一个班级的三四十位学生。为了让教师受到深刻的触动，每学年结束时，我们都会在学校里举行"我心目中的阳光教师"海选和"校园最灿烂的笑脸"评比活动，让原本十分严肃的事情在充满情趣化的活动中得到落实。

同伴疏导压压火

我们在平常的工作中，偶尔也会听到一些抱怨。的确，教师不是圣人，会因为工作、生活而出现坏情绪。特别是在情绪不好时，如果又赶上哪个淘气的学生犯错、未写作业之类的，教师往往会比较生气。预计到教育教学过程中可能会发生这样的事情，在每学年开始时，我们都明确规定教师的疏导同伴。同班级的搭班教师、同办公室的教师、同年级组的教师都是相互的义务疏导员。一方面，我们要求疏导员尽量用一些幽默的话语"灭火"。比如，"不行！不行！今天办公室阴云密布，赶快开灯！"等。这些都是疏导员创造的"消气""灭火"的风趣话。另一方面，我们形成了"你的淘气包，我来教育"的教育习惯。一班有学生犯错误了，二班班主任帮助教育。这种相互教育的方式，不仅能避免教师因为生气做出过激行为，而且对学生的教育作用也特别明显。

宣泄室里消消气

如果说前面三种干预方法重在克制的话，那么宣泄室里消消气的方式则重在释放。我们都知道人工作久了，要适当休息；压力大了，要放松(外出旅游、唱唱歌等)。同样的道理，教师的不良情绪除了用一些科学、有效的手段疏导、化解外，还应该通过释放让不良情绪清散。设置心理宣泄室，在宣泄室里摆设一些沙袋或其他虚拟目的物专供教师宣泄也是有效防止教师体罚、变相体罚学生的策略。在宣泄室里喜欢画画的可以涂鸦，喜欢写字的可以奋笔疾书，喜欢打乒乓球的可以打打乒乓球等。

通过宣泄，再面对"问题学生"、犯错的学生时，教师会释然许多。因此，建立心理宣泄室是防止教师体罚学生的有效策略。有条件的学校应该建立心理宣泄室供教师、学生释放不良情绪。

有人说没有惩戒的教育是不完整的教育，但我们也必须认识到惩戒是一门高超的艺术，稍有不慎就会变成体罚、变相体罚。自教育部的《中小学班主任工作规定》颁发后，人们对班主任"有采取适当方式对学生进行批评教育的权利"展开了广泛讨论。我想，这一规定的出台更多的是考虑到当前班主任不敢管、不敢教育的一种现象。这与"不准体罚和变相体罚学生"是不矛盾的。学校一定要采取有效措施杜绝体罚、变相体罚行为的发生。

(此文写于 2010 年 3 月。)

小平台变形记

学校无小事，处处是教育。即使学校地处农村、城郊，没准地处农村、城郊正是我们开辟"开心农场"得天独厚的优势；即使学校小，或许正是小，才促使我们形成立体发展的思维，开辟出让别人羡慕的空中运动场。从"蛹艺"长廊的装修、命名、布置，到举办个人书画展、爱心拍卖会，小平台变形记，让我再一次体悟到教育的魅力和管理的智慧。

——题注

学校大厅二楼有一个长约 16 米、宽约 4 米的小平台。平常除了临时陈列教师每日书写的黑板字外，便别无用处了。怎么好好利用它呢？我们都想不出好点子。在一次外出参观学习时，我受到启发，想到能不能适当装修一下，变成一间开放式的书画展厅，专门用来举办师生的个人书画展。我的提议得到几位美术教师的一致认可。征得大家的同意后，我们把装修书画展厅的计划列入来年的年度计划，向上级主管部门报批。

经过暑期一个多月的装修，原本不起眼的一个小平台，旧貌换新颜，变成了一间古色古香的中式书画展厅。硬件配备到位了，接下来的问题是，怎么让这间书画展厅成为全体师生的最爱，怎么让它成为校园实践类课程的一个生发点呢？

分管德育的校长助理陈佳美老师主动请缨。她说，接下来的事由她来策划。她带领德育处和美术组的教师精心设计了围绕书画展厅开设系列实践类课程的方案。

陈佳美老师指导学生设计征集海报，向全校师生以及全体家长征集书画厅的名称。经过一个星期的征集海选，学校收到了近百份富有创意的命名。这么多名字，哪个最好呢？学生说了算！他们把这些海选来的创意命名交给了大队部的全体大队委员，由大队委员选出20个入围名称，再把这20个入围名称交由全校师生进行投票。最终403班徐扬命名的"蛹艺"胜出成为展厅的名称。

为什么"蛹艺"会成为全校师生的最爱呢？因为我们学校的校徽是一只飞翔的蝴蝶，"蛹"意味着破茧成蝶、化蛹成蝶。"蛹"与"甬"同音，宁波的简称叫作"甬"，"蛹艺"意味着这是从宁波这片土地上孕育出的艺术；"蛹"还与"涌"同音，意味着小小艺术家将不断涌现。多么有意蕴的名称啊！学生的创新思维、创意火花连教师都自叹不如。命名交给学生，题写也交给学生来完成。

偏居一角，新装修起来的书画展厅，通过冠名征集，一下子成为大家的常去之处。征集命名的过程不就是一次很好的实践活动吗？

如何让书画展厅成为提升师生艺术修养以及对学生进行美育的场所呢？如何让"蛹艺"成为有书画特长学生艺术之路的起锚处呢？举办个人书画展。

406班的钱悠悠和502班的潘柯均成为全校1200名学生中的幸运儿。当学校把要为这两名学生举办个人书画展的消息告诉家长时，家长感动地说："我们做梦都不曾想到。"这两名学生一名是小小书法家，另一名是小小国画能手。从9月底开始，经过两个多月的创作，到12月初，两人拿出了近100幅书画作品。更为难能可贵的是，两人还经常利用双休日，走到一起，联袂创作作品——一人作画，另一人题字。

12月初，布置一新的"悠悠柯均书画展"一下子吸引了大家的目光。美术教师利用美术课，带学生走进书画厅；班主任借书画厅激励学生；家长利用学校开放日，纷纷前来观摩。

书画展厅不仅成了师生接受艺术熏陶的场所，更成了学生个性发展的舞台。小小书画展厅，是学生幸福童年的难忘记忆，更是通向艺术殿堂的始发地。

个人书画展，怎样让它完美收官呢？举行爱心拍卖会。德育处和美术组教师经过精心策划，从1200名学生中选出100名书画爱好者，让他们领着爸爸妈妈走进学校，参加了这场爱心涌动的拍卖会。12月27日，在书画展厅前，大队辅导员摇身一变，成了"拍卖专家"；两位书画小主人成了"持宝人"；两名学生所在班级的班主任成了爱心志愿者。校园里上演了一场激烈的爱心竞拍活动。在竞拍中，这两名学生体会到了从未有过的成功感、成就感；其他学生学到了传统课堂里难以学到的东西；家长们明白了"学业不是孩子的唯一"。

这样偏居一角的一个不起眼的小平台，变成点燃学生梦想的书画厅。这带给我许多管理方面的思考。学校无小事，处处是教育。一个不起眼的平台，空着也就空着了。但如果我们有心、用心，它很可能就会变成教育的宝藏。即使学校地处农村、城郊，没准地处农村、城郊正是我们开辟"开心农场"得天独厚的优势；即使学校小，或许正是小，才促使我们形成立体发展的思维，开辟出让别人羡慕的空中运动场。从海选书画厅的命名，到举办个人书画展，再到举行书画作品爱心拍卖会，一个小小的书画展厅，成了学校开设实践课程的好凭借。这折射出的教育观念是值得玩味的。如果没有"生本"理念，就不会想到让学生来命名，不会想到让学生来题写馆名。如果没有"每一个学生"的观念，没有多元智能理念，就不会为学生举办个人书画展，不会举行爱心拍卖会。

从"蛹艺"长廊的装修、命名、布置，到举办个人书画展、爱心拍卖会，小平台变形记，让我再一次体悟到教育的魅力和管理的智慧。

图1-6为学校大厅二楼的平台。图1-7为古色古香的书画厅。图1-8为展厅名"蛹艺"。图1-9为个人书画展。图1-10为爱心拍卖会。

图1-6 学校大厅二楼的平台

图 1-7　古色古香的书画厅

图 1-8　展厅名"蛹艺"

图 1-9　个人书画展

图 1-10　爱心拍卖会

（此文发表于 2016 年第 2 期的《当代教育家》，收入本书时略有修改。）

放什么权，用好什么权

全面推进依法治国，是实现国家治理体系和治理能力现代化的必由之路，是实现中华民族伟大复兴中国梦的必由之路。依法治校、依法治教是深化改革、推动发展、化解矛盾的基石，是构建和谐育人环境的保障。行政部门舍得放权，家长、社会、媒体不越权，学校作为一个独立的法人实体切实履行好自己的自主权，就能构建起新型的政校关系，从而实现学校治理现代化。

——题注

以提高质量为核心的教育现代化，意味着不仅要加快促进公平，也要更新质量观并建立一系列配套运行机制。转变政府职能，简政放权，保障学校的办学自主权，实现学校治理现代化是教育现代化这个宏大命题的重要组成部分。

应保障学校独立的法人实体地位

2015 年，在我参加的一次全国名师名校长论坛上，与会的中小学校长表达了共同的心声：学校作为一个独立的法人实体的地位仍需加以保障，办学自主权仍需进一步落实和扩大，自主发展、自主管理、自我约束的能力仍需进一步提升。

《中华人民共和国教育法》明确指出学校享有以下九项权利：按照章程自主管理；组织实施教育教学活动；招收学生或者其他受教育者；对受教育者进行学籍管理，实施奖励或者处分；对受教育者颁发相应的学业证书；聘任教师及其他职工，实施奖励或者处分；管理、使用本单位的设施和经费；拒绝任何组织和个人对教育教学活动的非法干涉；法律、法规规定的其他权利。然而实际情况如何呢？有些与会的中小学校长反映，现如今，天天呼吁"管评办分离"，实际情况却"难分难离"。有些学校不仅缺少人事权、财权、招生权，甚至连《义务教育阶段学生学籍管理办法》明确规定的学生跳级决定权都被收走了。

据有的教育同行反映，目前存在这样一种现象：有些教育行政部门充当"总校长""大校长"角色，而校长则充当"教导主任""保安"的角色。因此，要实现学校治理现代化，需要构建政府、学校、社会之间的新型关系。政府要以《中华人民共和国教育法》和《国家中长期教育改革和发展规划纲要(2010—2020年)》为基本法律和政策依据，把学校的办学自主权还给学校。

行政部门要舍得放权

有些学校作为一个独立的法人实体，不仅没有参与教师招聘的权力，甚至连作为一名"旁观者""大众评审员"的权限都没有。

有些学校作为用人单位，对新进教师长什么模样、有何特长，一概不知。这样的人员招聘、人事决策权往往会使学校招不到想要的人。

特别是音、体、美等教师，为了特色创建，学校往往对其专长有特殊要求。如果学校有人事权，可能会先测其专长与技能，再进行笔试与上课考核。

然而有些人事部门和教育行政部门往往为了所谓的公平公正，采取"一刀切"的办法，不管进什么学科，一律先笔试、后面试。这样一来，就会出现没有专长或者技能平平的人被招录到了教师队伍中的现象。

没有人事权除了体现在"进口关"上，还体现在"出口关"——教师流动上。其实，不论是从管理学的角度，还是从国家政策法规的未来导向角度，教师的适度流动是有利于学校整个教师队伍建设的。然而，当前的实际情况是，有些学校没有权限参与教师流动的决策。2015年，教育部在全国确定了19个"县管校聘"试点区；2016年，又开始全面实施中小学教师退出机制。这些举措向我们传递了简政放权的积极信号，目的就是切实保障学校聘任教师的自主权，构建新型政校关系。

另外，有些学校没有经费使用权限，没有绩效工资分配权限。这样导致教师"干多干少一个样"。或许有人会说，国家实施绩效工资改革，不是给了学校自主权吗？但现实中还存在一些问题。被误读的绩效工资制度何以谬之千里？以扩大学校的办学自主权为名目的改革为何会侵吞学校的自主空间？这些问题，真的需要深入一线好好调研，加以改革。

试想，在一个没有人事权、没有经费自主权的学校，校长负责制谈何落实？面对教师的职业倦怠，校长有何应对策略？学校最大的财富是教师队伍，而如果决定教师队伍的人事权和绩效分配权没有给学校，校长何谈提升教育品质、教育质量？因此，教育行政部门放权，还学校办学自主权，是实现学校治理现代化的应然需要。

家长、社会、媒体不能越权

这几年，有一些与教育"越权"有关的现象。学校里开运动会，家长要干涉；一年级学生戴红领巾，家长要干涉；在节日里学校举行全校师生礼物大换送，家长要干涉。

为适应教育改革发展的新形势和新任务，全面贯彻教育方针，完善义务教育治理体系，深入实施素质教育，促进教育公平，推动学校依法办学、科学管理，2017年教育部出台了《义务教育学校管理标准》。该标准指出：拓宽师生、家长和社会参与学校治理的渠道，建立健全学校民主管理制度，构建和谐的学校、家庭、社区合作关系，推动学校可持续发展。家长和民众有权对学校进行民主监督，但不等于可以毫无限度地干预、干涉学校。

当前，整个社会的价值走向多元化，教育因为涉及千家万户，可能会成为众矢之的。有些学校的正常教育教学行为、教育教学改革会因为家长和社会媒体的越权干涉受到干扰。我们需要找寻一块安静的空间，让教育安安静静地开展。

全面推进依法治国，是实现国家治理体系和治理能力现代化的必由之路，是实现中华民族伟大复兴中国梦的必由之路。依法治校、依法治教是深化改革、推动发展、化解矛盾的基石，是构建和谐育人环境的保障。依法治校、依法治教需要家长、社会、媒体参与民主监督，但更需其不越权。只有这样，才能保障学校行使充分的办学自主权。

学校要用好已有的办学自主权

学校对教育行政主管部门的办学自主权需要积极争取，对家长、社会、媒体对学校办学自主权的越位行使需要引导纠正，同时学校更应该做好的是用好已有的办学自主权。

《中华人民共和国教育法》赋予学校按照章程自主管理以及组织实施教育教学活动等办学自主权。全国各地都在积极推进学校章程制定，有的学校已经制定了富有地域和校本特色的学校章程。学校要用好这一办学自主权，切实制定好的章程，让章程发挥作用，让"一校一章程"真正落到实处。

然而实际情况有些让人担忧，翻看全国各地各校出台的学校章程，还存在一些趋同的问题。这就失去了章程的价值与意义。同理，以提升学生核心素养为宗旨的课堂教学改革、课程变革，实施主体是学校。学校要充分用好这一办学自主权，不断探索具有普遍性的课程改革经验，引领学校健康、持续、绿色发展。

用好已有的办学自主权，还需要学校、校长依靠智慧屏蔽一些干扰。学校、校长有权拒绝任何组织和个人对教育教学活动的非法干涉。面对喧嚣，学校、校长能否不盲从、不折腾、不随波逐流，能否有一种定力，有一种安安静静做教育的坚守，也是考量学校是否用好办学自主权的一个体现。用好已有的办学自主权，需要学校、校长不忘初心，坚守教育常识，守望教育理想。

用好已有的办学自主权，还需要学校、校长能"过滤"一些与学校无关的评比、检查，少一些轰轰烈烈的运动、活动，少一些捆绑、束缚教师的规定，少一些形式化的活动，为教师扎扎实实开展教育教学、教学改革开辟出自主空间。我们不能做这样的错误推演：教育行政主管部门捆绑学校、校长的手脚，校长捆绑教师的手脚，教师捆绑学生的手脚。

当前，中国各项改革已进入攻坚期和深水区，教育也不例外。如何深化教育改革，如何全面提升国家教育品质、创造高品质的教育，进而实现教育现代化呢？保障学校享有办学自主权，是需要我们正视与面对的难题之一。

行政部门舍得放权，家长、社会、媒体不越权，学校作为一个独立的法人实体切实履行好自己的自主权，才能构建起新型的政校关系，从而实现学校治理现代化。我们期待着学校能真正具有办学的自主性、财产的独立性、人事的自决性、教学的专业性。通过几年的努力与发展，我们要达成这样一种理想的格局：政校分开，管办分离。政府负责"掌舵"，建构教育体系，维护教育公平，保障教育投入，监督学校运行以及教育质量。学校负责"划桨"，自主管理，自主发展，自我约束，接受监督与评估。

（此文发表于 2016 年第 7 期的《人民教育》，收入本书时略有修改。）

职级制有利于校长撸起袖子加油干

校长职级制是加强校长队伍专业化建设、推进政校分开、加快构建现代学校制度、全面实施素质教育的重要举措。校长职级制，有利于构建绿色的教育生态。校长职级制，保障学校享有办学自主权，有利于实现学校治理现代化。校长职级制，有利于促进校长队伍建设。

——题注

山东省 2017 年在全省范围内全面推行校长职级制的消息一下子成了教育圈里热议的话题。推行校长职级制，通俗点说，就是摘"官帽"、去"官本位"、去除学校行政化管理。这项旨在推进教育治理体系和治理能力现代化的改革，其实早在 1999 年就已经在山东省高密市进行试点。经过 20 多年的探索，这项改革体现了校长专业化发展的方向，更是形成"政府依法管理、学校自主办学、社会广泛参与"的新型教育治理结构体系与现代学校制度的必然。

校长职级制，有利于构建绿色的教育生态

传统的校长任命制中，校长是有行政级别的，高中段校长对应科/处级，重点学校校长享受什么级，分得一清二楚。行政级别不同，社会地位就不同。校长职级制的核心是摘掉校长的"官帽"，这样可以引导校长脱离行政级别的束缚。取消行政级别后，推行校长职级制，淡化了校长的官本位意识，增强了职业岗位意识，把校长从"行政人"还原为"教育人"。推行校长职级制，不论学校大小、学段高低、地处农村还是城市，只要办好学校，办出优质教育品牌，校长就能取得相应的职级。这样一来，偏远农村学校的校长可以流向中心城区所谓的品牌校，中心城区所

谓的重点学校的校长也可以流向农村薄弱校。推行校长职级制，让校长双向流动正常化。校长职级制，有利于推进教育均衡，有利于促进校长自身成长，有利于构建绿色的教育生态环境。党的十八届三中全会提出：推动公办事业单位与主管部门理顺关系和去行政化，创造条件，逐步取消学校、科研院所、医院等单位的行政级别。校长职级制，正是教育领域综合改革迈向深水区的有益探索与实践。

校长职级制，有利于实现学校治理现代化

推行校长职级制，校长有权任用提名副校长，有权聘任中层干部，有权对教师实行全员合同制聘任管理；推行校长职级制，减少上级对学校的行政审批和直接干预，校长有权进行学校发展规划、资源支配、教育教学管理以及教师聘任考核，有权根据教学需要和学校发展需要，统筹安排使用学校资金，避免学校经费被截留、挪用等现象，有利于学校资金发挥最大效益。校长能够撸起袖子甩开膀子轻松上阵，按照自己的理念做自己的事，把精力集中在学校管理、学生教育上，真正让学校回归到教育本位。推行校长职级制，扩大办学自主权，赋予校长权责相当的人权、事权、财权，解除体制性障碍，厘清政府和学校的关系，促进管办评分离，有利于校长自主发挥创造性，深入研究教育教学，规划学校发展，探索实现自己的教育理想，把学校办出特色、办出水平。

校长职级制，有利于促进校长队伍建设

推行校长职级制，实行校长任职资格准入制度，用制度减少不适合做校长的人到学校管理岗位上的现象。公开从教育系统内通过竞聘选拔校长，变"要我干"为"我要干"。推行校长职级制，校长可由低层级向高层级、特级校长努力，为校长搭建了一个不断提升管理水平的阶梯，有利于避免校长职业倦怠、工作懈怠的现象，有利于突破"天花板"现象。推行校长职级制，因为有配套的任期考核的制约，校长能时刻加强学习，不断提升自我，提高自身的认知力、领导力、行动力、学习力、亲和力以及公信力等。推行校长职级制，更重要的是推动了教育家办学进程。以前在行政级别制度框架下的校长对专业发展关注不够，逐渐远离了教育工作者对专业价值的追求，阻碍了学校的发展。推行校长职级制，有利于引导校长提升自己的素质，促进自己的专业发展，引领校长成长为

研究型、创新型、专家型的校长，为实现教育家办学奠定基础。推行校长职级制，摆脱了校长管理的行政化，促进了校长成长的专业化，带来了学校发展的特色化，推动了区域教育的均衡化。校长职级制改革的最大意义就是校长教育家本色的回归。

校长职级制是加强校长队伍专业化建设、推进政校分开、加快构建现代学校制度、全面实施素质教育的重要举措。当然，我们也必须清醒地认识到，校长职级制改革不是孤立的单项改革，它是对整个校长管理系统的改革和创新。因此，在推进过程中，一定要有系统、缜密的规划以及与之相配套的制度、措施，要整体推进。此外，校长的选拔与评价要紧密联系一线教师队伍，要让广大教职员工参与到校长的选拔、评价中来。

（此文发表于 2017 年 1 月 6 日的《中国教育报》，收入本书时略有修改。）

第二章　寻办学之真

总得有人去擦擦星星，
它们看起来灰蒙蒙。
总得有人去擦擦星星，
因为那些八哥、海鸥和老鹰，
都抱怨星星又旧又生锈，
想要个新的我们没有。
所以还是带上水桶和抹布，
总得有人去擦擦星星。
　　　　——[美]谢尔·希尔弗斯坦《总得有人去擦擦星星》

真，与客观事实相符合。探寻教育规律、做本真的教育，是每位教育工作者的目标。然而，在实际工作中，我们可能会因为走得太久，而忘记出发时的初心。每每看到一些远离初心的举措，我会时常告诫自己一定要坚守初心。

宪法教育要破除固有观念

为深入贯彻党的十九大和党的十九届二中、三中全会精神，以习近平新时代中国特色社会主义思想为指导，认真落实中共中央关于深入学习宣传和贯彻实施宪法的有关精神，中共中央宣传部等发布关于组织开展宪法学习宣传教育活动的通知。本文就中小学如何开展宪法学习、教育活动，谈一些体会。

——题注

党的十八大以来，我们越来越真切地感受到党和国家依法治国的文化氛围。依法治国、依宪治国、依法执政、依宪执政迈上新高度。设立国家宪法日，增强公民守法、爱法、懂法意识；实行国家工作人员宪法宣誓制度，培养公职人员对法律的敬畏心，强化公职人员的自我约束力；与时俱进，通过《中华人民共和国宪法修正案》。这一系列的新方略、新举措、新动向，都向我们传递着一个重要信息：依法治国、依宪治国迈入了新时代。

宪法是国家的根本大法，是治国安邦的总章程，是保持国家统一、民族团结、经济发展、社会进步和长治久安的法律基础，是中国共产党执政兴国、团结带领全国各族人民建设中国特色社会主义的法律保证。习近平总书记指出：全面贯彻实施宪法，是建设社会主义法治国家的首要任务和基础性工作。然而，或许是宪法较少被提及，又或许是有些人对宪法的认识不够，需要营造知宪法、学宪法、懂宪法、用宪法的浓厚氛围，重视对中小学生进行宪法普法教育。在新时代，如何加强中小学生法治教育，如何开展学习宪法的教育教学活动？这值得每一位教育工作者探索与实践。

为什么对宪法有疏远感、陌生感

我相信一提宪法，有些人会和我有同样的感受：高高在上。因为它是全体公民的最高行为准则，是我们国家的根本大法，所以有些人会有这样一种固有的观念：这一定是宝典式的，是法学专业人员要知道的东西；对于一名普通公民来说，知不知道没有关系。其实，翻开宪法一浏览，我们就会发现，自己固有的观念错了。宪法开篇的序言，犹如浓缩版的中国近现代史，向我们阐述了自 1840 年鸦片战争以来，中国人民为国家独立、民族解放和民主自由进行的前仆后继的艰苦卓绝的奋斗历程。由序言，总纲，公民的基本权利和义务，国家机构以及国旗、国歌、国徽、首都内容构成的宪法，语言直白平实，内容浅显易懂。

既然是这样平实的内容，为什么有些人会对宪法有疏远感、陌生感呢？我觉得关键原因是对知宪法、学宪法不够重视。宪法如同空气，和每个公民息息相关。在平日里，它很少被提及，再加上固有的观念，有些人总觉得它高高在上。因为不了解，所以不熟悉。因此，要加强中小学生的宪法学习和教育工作，要先破除固有的观念：宪法并不是高高在上的宝典，它应该成为全体公民的行为准则。它既是国家的根本法、治国安邦的总章程，又是每个公民享有权利、履行义务的根本保证。

宪法教育要具体化、课程化

在中小学生中开展学宪法教育活动，要具体化、课程化。宪法是每个公民都必须遵守的最高行为准则。小学生应该掌握到什么样的程度，哪些是应知应会的；中学生应该掌握到什么程度，哪些是应知应会的。我们要根据中小学生的认知水平，将宪法有关知识，用他们喜闻乐见、可接纳的呈现方式推送给他们，让他们从小就认识与了解，并随着年龄的增加，逐步提高认识，使宪法的学习有一个螺旋上升的过程。这就要求我们全体教育工作者，多思考如何将宪法具体化，并分解成几个学段的不同层级要求；多思考如何采用中小学生喜欢的方式，把宪法呈现在他们面前。譬如，我们是否可以根据小学生喜欢看图画书、喜欢看动漫的特点，把宪法内容编成他们喜欢的卡通读本，供他们学习？我们是否可以将宪法内容制作成动画片或者形式活泼的公益广告，在电视、网络上播放？之前一家教育媒体上刊登了一张照片，照片上教师在组织一年级学生读宪法。看到这样的照片，我深感忧虑。试想，一年级学生，字还不认识几个，让他们直接读宪法，他们能读通、读懂吗？这就好比盐很重要，但直接吃显然不行。同样的道理，宪法很重要，但对于小学生来说，直接读显然不合适，尤其是对于小学低年级学生来说。因此，在中小学生中开展知宪法、学宪法活动时，我们一定要将内容具体化、形象化。现在十分流行"一图读懂式"的非连续性文本以及思维导图，我们希望有识之士能用这样直观的形式将宪法推送给中小学生。

在中小学生中开展宪法学习、教育，我们还应当使其课程化。学生要减负，教育要学会巧做加减法。宪法虽然很重要，但如果采取强行规定，非得要中小学生死记硬背，显然不合适。我们应该将宪法有关知识融汇到学科教学中，在课程中落实。翻开教育部审定的新出版的义务教育教科书《道德与法治》，我们可以欣喜地看到，教材编写专家已经着手在融入相关内容了。就拿小学二年级的《道德与法治》来说，里面已经将宪法规定的"国旗、国歌、国徽、首都"等内容编入其中。这样一来，在中小学生中开展知宪法、学宪法、懂宪法、用宪法的教育才能真正落到实处。

宪法教育要与争做合格公民相结合

2014年11月，第十二届全国人民代表大会常务委员会第十一次会议通过了设立国家宪法日的决定，将每年的12月4日设立为国家宪法日；2015年7月，第十二届全国人民代表大会常务委员会第十五次会议又通过了宪法宣誓制度的决定，国家公职人员在任职时要向宪法宣誓。这一系列的新方略，向我们传递了全国人民都要一起来维护宪法权威、捍卫宪法尊严、保证宪法实施的信息。习近平总书记指出：宪法的生命在于实施，宪法的权威也在于实施。

在中小学生中开展宪法学习、教育活动，要把学宪法和争做合格公民结合起来。少先队员入队要宣誓，共青团员入团要宣誓，共产党员入党要宣誓，现在国家又完善了新任机关工作人员宪法宣誓制度。比较分析许多发达国家，我们发现，其实我们还要进一步完善"公民宣誓制度"。我希望将来有一天，我们国家制定公民宣誓制度，提炼出公民宣誓誓词。宣誓虽然只是一种形式，但这种形式的存在能不断强化公民知法、学法、懂法、用法的意识。

"知者行之始，行者知之成。"学宪法和争做合格公民相结合，既是"知行合一"，更是每个公民的基本权利和义务。2018 年 3 月 17 日，在十三届全国人民代表大会第一次会议第五次全体会议上，习近平总书记进行宪法宣誓，这对全党全国各族人民是最好的激励和教育，必将极大增强广大国家工作人员履行职务的使命感和责任感，极大鼓舞社会公众进一步弘扬宪法精神、培育宪法信仰。在中小学生中开展学习宪法教育活动，就应该开展丰富多彩的活动。学校通过开展形式多样的争做合格公民的实践活动，让学生在实践中"化知为行"。

学宪法和争做合格公民相结合也是落实社会主义核心价值观的具体体现。要做到爱国、敬业、诚信、友善等，要先恪守公民的义务，成为一名合格的公民。同样的道理，如果我们能时时践行宪法规定的义务，处处彰显公民的权利，也是对核心价值观的最好实践。因此，在中小学生中开展宪法教育活动，一定要与培养合格公民的德育实践活动紧密结合，寓教于乐，寓教于行。

（此文发表于 2018 年第 10 期的《人民教育》，收入本书时略有修改。）

纸上谈兵的安全教育该改改了

我们当下的安全教育存在着一个误区。因为剪刀有危险，所以有些幼儿园和小学要求学生不能用铁剪刀，只能用塑料的；因为玩火危险，有些小学生不会使用打火机、火柴；因为要防溺水，所以有些学校要求学生不能靠近水；因为怕发生交通事故，所以有些学校不允许学生单独上学、放学。当下有这样一种安全教育理念：只要有危险，就必须远离；只要有危险，就必须禁止。这种无论付出什么代价，都要保护孩子远离一切危险的安全观念，实际上无法让孩子从错误中学习。

——题注

防溺水告家长书要签名，回执要百分百回收。放假前，班主任必须进行一次防溺水专题家访，家访必须有记录、有家长签名。家长必须登录安全教育网学习，一人一号，班主任必须每天进入网站平台检查，对没有按时登录平台学习的家长进行电话跟进……学生安全教育的压力一年重似一年，任务多得令班主任身心俱疲。

这种安全教育的做法，其实没有对学生真正进行防溺水的安全教育。让家长上网学习有关安全知识固然重要，但与学生安全教育并不是一回事。这是一种主体错位。这种纸上谈兵的安全教育方式，真的到了非改一改不可的地步了。

比"知"更重要的是"行"。安全教育最重要的是遇到危险知道自己该怎么做。因此，逼真的模拟练习，甚至真实的"实战"才是最好的安全教育。我们曾做过试验，给一群学生上了一节如何营救落水同伴的安全教育课，课后把学生带到湖边进行实际操练。结果发现，大部分学生连向落水者抛长绳这样简单的施救方法都完成不了。发现学生不会抛长绳，我们给他们每人 10 分钟时间进行操练。反复操练以后，再次进行试验。结果大部分学生都能掌握这项施救技能了。在进行安全教育时，光讲、光听是没用的，光纸上谈兵是不够的，最重要的是体验、实践与实战。

比"危险"更可怕的是"过度保护"。我们当下的安全教育存在着一个误区。因为剪刀有危险，所以有些幼儿园和小学的学生不能用铁剪刀，只许用塑料的；因为玩火危险，有些小学生不会使用打火机、火柴；因为要防溺水，所以有些学校要求学生不能靠近水；因为怕发生交通事故，所以有些学校不允许学生单独上学、放学。当下有这样一种安全教育理念：只要有危险，就必须远离；只要有危险，就必须禁止。为了安全，孩子必须始终在成人的视线之内。这种无论付出什么代价，都要保护孩子远离一切危险的安全观念，实际上无法让孩子从错误中学习。当前这种过度保护式的安全教育，会剥夺孩子在危险情境中历练的权利。我们必须看到，总有一天，他们要面对真实的生存环境，其中的危险、苦难不会因人的意志而消亡。因为缺少历练，当危险来临时，他们可能会手足无措、不堪一击。

说一千道一万，不如亲手干一干。安全教育关键要在实践中锻炼学生应对危险的能力。任何纸上谈兵的所谓高度重视，还是少讲一点；任何形式的错位式的安全教育，还是少做一点。

（此文发表于 2016 年 6 月 9 日的《中国教育报》，收入本书时略有修改。）

优秀传统文化进校园从 1.0 迈向 2.0 需要做什么

> 习近平总书记指出，中华优秀传统文化是中华民族的精神命脉，是涵养社会主义核心价值观的重要源泉，也是我们在世界文化激荡中站稳脚跟的坚实根基。优秀传统文化进校园要迈向 2.0 时代，要从轰轰烈烈、热热闹闹的活动式走向扎扎实实的沉潜涵泳式；要从重知识传授走向身体力行与知行合一并重；要坚持中华优秀传统文化教育与时代精神教育和革命传统教育相结合；要坚持弘扬中华优秀传统文化与学习借鉴国外优秀文化成果相结合。
>
> ——题注

2018 年 4 月 18 日，《人民日报》刊文《优秀传统文化进校园，这样"圈粉"》，阐述了优秀传统文化进校园的重要性、紧迫性。党的十八大以来，优秀传统文化进校园得到广泛关注。2014 年 3 月，教育部印发了《完善中华优秀传统文化教育指导纲要》。全国各中小学如火如荼地开展了丰富多彩的弘扬中华优秀传统文化的活动，探索实践了许多传承优秀传统文化的路径，涌现了一大批先进典型。优秀传统文化进校园经过 5 年的探索实践，迈进了 1.0 时代。在 2018 年的全国两会上，教育部部长陈宝生表示优秀传统文化进校园是固本工程、铸魂工程、打底色的工程。优秀传统文化进校园如何走出碎片化、不系统，重活动、轻内涵，重知识、轻力行的 1.0 时代，迈入更高层次的 2.0 时代呢？

要从碎片化走向系统化、课程化。中华优秀传统文化犹如一个巨大的宝库。我们要根据中小学生的年龄特点，把中华优秀传统文化教育融入课程、教材，有系统地、螺旋上升地对学生持续进行教育。我们要针对汉字文化、古代蒙学读物、古代文学作品、历史名人故事、文化艺术、文化常识、民风民俗、非物质文化等，从优秀传统文化中提取其精华部分，编制成教材，或者融合、渗透到各个学科教学中，让碎片化的优秀传统文化教育走向系统化、课程化。据悉，教育部审定的语文教科书(小学六年)，仅古诗词数量是原来的两倍多。仅此一项，我们就可以真切感受到党和国家对传承优秀传统文化的重视。

2018 年春节，清代诗人袁枚写的一首小诗《苔》，经由乡村教师梁俊和一群山里孩子的演唱，一下子传遍神州大地。一首沉睡了 200 多年的小诗一下子被唤醒，被全国人民熟知。这么一首普普通通的小诗，为什么会变得如此家喻户晓？其中，应该感谢的是中央电视台推出的《经典咏流传》这档节目。这几年，《中国汉字听写大会》《中国诗词大会》等节目，不断刷新收视率，真正实现了"传统"与"现代"的结合。优秀传统文化进校园要迈向 2.0 时代，就应该多学习这些好的做法，紧跟时代步伐，不断创新传承和弘扬优秀传统文化的形式。习近平总书记指出，中华优秀传统文化是中华民族的精神命脉，是涵养社会主义核心价值观的重要源泉，也是我们在世界文化激荡中站稳脚跟的坚实根基。要结合新的时代条件传承和弘扬中华优秀传统文化，传承和弘扬中华美学精神。最近几年，全国各地中小学出现许多优秀传统文化进校园的新举措、新样态，深受中小学生的喜爱。我们学校根据家长、学生爱旅游的特点，已着手编辑一套《跟着诗人游中国》的校本教材，希望借此推进优秀传统文化的继承与弘扬。这得到了许多专家的高度认可。

优秀传统文化进校园要迈向 2.0 时代，需要全社会的参与与支持。譬如，要抓紧抢救古诗词的吟诵法，不要让古老的吟诵、吟唱失传；要抓紧做好传统民间艺术的传授、传承，不要让一些非物质文化消逝。优秀传统文化进校园要迈向 2.0 时代，还要加强面向全体教师的中华优秀传统文化教育培训。师资队伍建设是优秀传统文化进校园的"牛鼻子"，要让优秀传统文化在中小学焕发生机，教师的能力至关重要。北京师范大学继续教育与教师培训学院院长王文静指出："我国对教师的优秀传统文化培训尚处于起步期，加之师范教育阶段及教师上岗前培训阶段对优秀传统文化侧重不多，教师自身的文化底蕴不足已成为对优秀传统文化进校园最大的制约。因此，需要从'根'上入手，以中华传统经典为根脉，引导教师在品读经典中提升气质、学会觉察反思。教师传授优秀传统文化，要口传心授。只有用真心传授，学生才能真正体会到教师的用心，才能发自内心地接受。"《中国诗词大会》节目中，不仅主持人和选手是一道风景，嘉宾也让观众们由衷地佩服。为什么？因为这些嘉宾底蕴深厚。倘若站在中小学生面前的教师也能如这些嘉宾那样对优秀传统文化纵横捭阖，相信优秀传统文化进校园将是一件极其简单的事情。

优秀传统文化进校园要迈向 2.0 时代，要从轰轰烈烈、热热闹闹的活动式走向扎扎实实的沉潜涵泳式；要从重知识传授走向身体力行、知行合一并重；要坚持中华优秀传统文化教育与时代精神教育和革命传统教育相结合；要坚持弘扬中华优秀传统文化与学习借鉴国外优秀文化成果相结合。只要思想上重视，师资上加强，内容上系统化，形式上紧跟时代步伐，优秀传统文化进校园一定能从 1.0 迈向 2.0、从 2.0 迈向 3.0。

（此文发表于 2018 年 4 月 20 日的《中国教育报》，收入本书时略有修改。）

在线教学，给我们一次深刻反思的机会

为了"停课不停教、停课不停学"，全国大中小学师生都积极投入在线学习。对于一名善于反思的教育工作者来说，这次经历留给我们的思考是多维的。我们要借此重新审视学校、教师存在的意义，重新审视学生能力培养，重新审视我们的教育。倘若我们能经此进行深刻反思，并加以总结提炼，或许真能对未来的教育产生影响。

——题注

对于全体教育工作者来说，面对全新的学习方式，我们必须及时转变原先的教学方式，以适应基于网络的教学。将近两个月的在线教学，给了我们一次深刻反思的机会。对于一名善于反思的教育工作者来说，无疑这是一次千载难逢的机会。借此机会，我们应该好好地反思，重新审视我们已经习惯了的传统教学方式，给未来的学校教育以及传统的课堂教学变革注入新的理念。

我们要把学生质疑问难的本领作为重要能力培养好。传统班级授课制，长期以来基本上是教师问、学生答。现在学生居家学习，对于传统的问答式，基于网络的在线学习操作起来不方便了。这时候，我们发现质疑问难，让学生在自主学习时把不懂的问题提出来，向老师发问倒是方便了。可是，部分学生不知道自己哪里不懂，不善于向教师发问。质疑问难的本领在这次居家学习中得以呈现。俗话说，学问学问，既要学，更要问。传统的大班额上课，为了确保课堂高效，为了确保完成既定的教学任务，有些教师往往比较看重显性的知识掌握，对于质疑问难这些隐性的本领，更多的是依赖学生自我领会。经历此次在线教学，我相信，会反思的教师一定会深刻意识到这个问题。

我们要把自主学习这项核心素养培养好。长期以来，我们习惯于教师讲、学生听，学生习惯于被动地学。传统的"应试教育"存在以固守学科知识的传递为优先考虑的现象。因为这种教学方式、学习方式，有助于提高成绩。这次近两个月的学生居家学习，让我们更加清楚地看到了传统教学方式的弊端，让我们意识到必须把自主学习能力培养放在更重要的位置上。有些教师通过此次在线教学，深切感受到对那些被动学习型的学生，有一种"鞭长莫及"的无奈感。多年以前，联合国教科文组织就指出，未来的文盲不是不识字的人，也不是识字很少的人，而是不会学习的人。中国学生发展核心素养，把学会学习作为六项重要的指标之一。此次学生居家学习，让我们看到了"会学"比"学会"更重要。我们应该开设一门"学习学"，让学生从小明确学习的意义，掌握学习的技能，以帮助学生在没有任何指令、任何监督之下，自主规划学习，自主开展学习，让学习真实发生。

我们要把养成良好的自律习惯作为中小学教育的重要内容。学生将近两个月的居家学习，我估计会存在两极分化的现象。有一部分学生，因为学习不够自觉，长期以来，我们采用"盯关跟"，盯着做作业，让优秀生跟其结对帮扶。现在，他在家里，如果他不自觉、自律，他的学习还是会受到影响的。这次学生长时间的居家学习，让每一位教育工作者深刻意识到培养学生自律、自觉的习惯远比传授知识重要。如果学生在我们的教育之下，会管控自己的时间，面对电脑能专心致志看直播、听微课，相信居家在线学习不会对学业产生多大影响。

为了停课不停学，教育工作者经历了一次全员在线教学，全体学生经历了一次"读书不用去学校"的真实体验。对于一名善于反思的教育工作者来说，这次经历留给我们的思考是多维的。我们要借此重新审视学校、教师存在的意义，重新审视学生能力培养，重新审视我们的教育。倘若我们能经此进行深刻反思，并加以总结提炼，或许真能对未来的教育产生影响。

（此文写于 2020 年 3 月。）

中小学开设选修课要量力而行

中小学开设选修课，要充分考虑学生的个性需求，要围绕立德树人的根本任务，有针对性地推出一些切实能提高学生核心素养的课程。开设选修课要结合区域、学校、师资力量水平等实际情况量力而行，不可好大喜功、追求新闻效应。

——题注

中小学开设选修课是当前教育改革的热门话题。不知从何时起，一夜之间，选修课便在全国各地中小学遍地开花。一些校长常常以自己学校开设的选修课门数多而自豪。的确，随着课程改革的不断深入，将大学的选修制、高中的选择性教育向义务阶段教育延伸是教育发展的趋势。根据学生的个性需求，用适切的方式教育每位学生是教育的追求与理想。我对经济相对发达、教育水平相对较高的地区探索个性选修课，持肯定态度。然而，在推进中小学开设选修课这项工作中，我们也看到一些值得警惕的现象。一些相对落后区域的学校，不考虑本地区、本校实际，生搬硬套教育发达地区学校的经验，推出许多选修课。还有一些县市区教育局领导相互攀比，看到别人有什么，就强行要求下面的中小学必须紧紧跟上。有些学校开设个性选修课，存在只求量不求质的现象；存在不管学生喜不喜欢乱开设的现象。为什么会出现这些不符合教育规律的现象呢？我们应该如何避免出现这样的现象呢？

从学生的需求出发

中小学开设选修课要从学生的需求出发，不片面追求新闻宣传效应。中小学开设选修课，常常会出现校长、教师一厢情愿的现象。一些学校在向学生推出选修课的时候，往往会站在区域层面进行排摸。如果区域内别的学校已经开设了某类选修课，那么学校就会放弃这类选修课。原因很简单：别人已经有了，我再做，就不新鲜了，没热点了，也没有新闻宣传效应。在这种思维的主导下，我们发现，有些学校就会开设一些诸如活力厨房、魅力茶道等课程。我对学校开设活力厨房之类的选修课一直持保留意见。的确，我们是要加强学生的劳动教育，培养学生的自理能力。然而，学校不是一个无限责任公司，不可能包办孩子教育的全部。像活力厨房这样的选修课，学校硬件能满足要求吗？预防火灾方面的安全能保障吗？我认为，中小学开设选修课，一定要摒弃炒作观念，一定要摒弃只追求新闻宣传效应的观念。我们要深入学生，做好开设选修课前的调查工作，按照学生的需求，对照学生发展的核心素养、立德树人的根本任务来设置个性选修课。

切合实际

中小学开设选修课要切合实际。有些校长在学习了发达地区、先进学校的课程改革经验之后，就想照搬照抄，立马在自己学校推行。这样根本不顾及自己学校所在区域的情况，根本不顾及自己学校的办学条件、师资水平。个别经济欠发达地区的学校，连基本的保障还捉襟见肘，连正常的教育教学还时常运行困难，还想全盘引进北京十一学校四千学生有四千张课表的做法。这是一种不切实际的做法。有些学校的学生班额大，教学用房极其紧张，师资编制紧，在这样的情况下，推出上百门选修课。这种跟风式的课程改革不可取。中小学开设选修课，确实是教育发展的趋势与必然。我也很佩服那些"有条件要上，没有条件创造条件也要上"的校长们，但我们也要清醒意识到教育改革必须贴着地面前行。

量力而行

中小学开设选修课要量力而行。一哄而上推出许多选修课，一夜之间选修课遍地开花与一些县市区教育主管部门、地方领导好大喜功、相互攀比的工作作风也密不可分。一些县市区教育主管部门领导在与其他区域比较时，追求别人有的，自己也必须有；大家都有的，自己的必须比别人的优。他们关注的是数量，关注的是推陈出新，至于是否符合区域实际，是否符合学生实际，是否符合教育规律，在轰轰烈烈中又有谁会去深究、思考呢？中小学开设选修课，我们要遵循教育规律，遵从学校实际，做一些务实的探索。

中小学开设选修课，要充分考虑学生的个性需求，要围绕立德树人的根本任务，有针对性地推出一些切实能提高学生核心素养的课程。在学校资源不足、师资力量不足的情况下，如果要推进选修课程，可以挖掘校园周边的社会资源，充分调动家长等多方力量，为学校所用，为学生所用。聘请部分有专长的家长做志愿者，聘请区域内高职院校学生给学生开设选修课，都是极好的举措。要加强对选修课的课程管理，使选修课有别于过去的兴趣活动。它是立足区域实际，基于学生、教师、学校实际的校本课程。既然是课程，就要有课程目标、课程实施内容、达成要求以及评价等，不能因为是选修课程，就放松要求、疏于管理。没有精心规划的选修课，学生闹哄哄的，教师上课很随意。这种没有效率的、为选修而选修的课程，是对学生时间的浪费。他山之石，可以攻玉，如果真要借鉴学习先进校的成功经验，我们一定要有"内行看门道"的缜密思想，把先进校课程管理的整套经验研究透，取其精华。在资源配备相对充足的国家，走班选课、个性选修课都是经过反复论证才渐进式推进的。尽管中小学开设选修课是件好事，是教育发展的必然趋势，但我们要根据自身的实际情况逐步推进。

（此文发表于 2016 年 10 月 27 日的《中国教育报》，收入本书时略有修改。）

居家学习凸显学校存在的价值

> 学校是学生释放自我的一个安全场所。一场篮球赛、一场足球赛、一次辩论会，都是学生释放自我的好时机。在同学们的呐喊声中激烈奔跑，在同学们关注的目光中舌战群儒，在同学们的掌声中一展歌喉。这些都是学校存在的价值所在。
>
> ——题注

为了能停课不停学，教师变主播，学生开始了在线学习。这种学生居家学习和实体学校不复存在的场景，会不会真的在未来人工智能时代出现呢？经过一个多月的体验与实践，我的判断是，即使未来科技再发达，人工智能再怎么类人化，实体的学校依然有存在的必要，学生恐怕还是更向往去学校过集体生活。

学校为学生提供了一个群体生活的集体。人是群体性的，任何一个人都不可能脱离群体而生存下去。对于生长发育中的中小学生来说，群体生活形成的集体，对个体有着极其重要的作用与意义。在这段时间，学生真切体会到了昔日在校学习的幸福。许多学生在班级微信群、QQ群中说，非常想念挨挨挤挤排着队去上体育课的感觉，非常怀念和小伙伴们满校园追逐玩闹的情景；现在最想的就是和老师、同学拥抱一下，哪怕曾经和自己产生矛盾的同学，我也想和他抱一抱。从学生的心声里，我们可以找到集体生活对学生成长的意义、传统的学校生活存在的价值。学校是学生学习群体生活的一个真实的人际交往场，在这个"真实场"里，学生能学到如何与人相处，能养成规则意识，能慢慢体悟到言行举止的分寸。那种熙熙攘攘、热热闹闹的"人气"是人工智能时代居家学习无法营造的。

学校为学生提供了一个释放自我的空间。在这段时间，因为长期居家学习，如何对中小学生进行心理调适成了大家普遍关心的话题。在人工智能时代，如果学生长期居家对着屏幕，仅仅通过网络互动，不可避免会出现抑郁、孤僻，会造成交际能力退化等问题。一两年前，有人曾经预言，在人工智能时代，实体学校会被淘汰，人人都会选择居家学习、在线教育。从这一个多月的实际"预演"来看，我觉得这个预言要是实现了，学生会不会连开怀大笑都不会了，会不会变得冷漠、孤僻？这一个多月的居家学习，让我看到了学校存在的意义。它是学生释放自我的一个安全场所。一场篮球赛、一场足球赛、一次辩论会，哪怕是一节普通的音乐课，都是学生释放自我的好时机。在同学们的呐喊声中激烈奔跑，在同学们关注的目光中舌战群儒，在同学们的掌声中一展歌喉。这些都是学校存在的价值所在。

学校为学生提供了一个相互学习的激励磁场。近朱者赤，近墨者黑；2000多年前，孟母三迁。这些事例都充分说明环境与周围群体对个体的影响作用。学校为学生提供了一个优良品行形成的良好环境，身边的同学为个体成长起着导向作用；身边的榜样最易借鉴，最容易激发起个体的竞争意识。这种正向激励作用的磁场是学生分散居家在线学习环境所没有的。特别是班级授课制、小组合作探究方式等给个体提供的学习环境，有利于学生在相互协作中提高，在交流碰撞中产生智慧的火花，从而提升思维品质，提高思想认识。

这次停课不停学的实践，让我们对未来人工智能时代学生的学习方式、成长方式的思考，有了更多维的视域。个体分散在家，在线学习，让我们对个体的自律品质和独居造成的心理影响等问题有了更真切的思考。传统学校、群体生活所具备的优点如何利用，都是在未来人工智能时代人们需要思考的。

（此文发表于2020年3月18日的《中国教育报》，收入本书时略有修改。）

一年级开设科学课，要把好事做好

一年级开设科学课，本来不应该成为新闻事件。在我看来，这是理所应当的事。我们希望通过加强科学教育，让学生爱动手、善观察、勤动脑，进而培养学生乐于探究、敢于实践、富于创新的能力。

——题注

从 2017 年秋季开始，教育部要求全国各地小学科学课程起始年级由三年级提前至一年级。这项要求，得到了广大教育工作者的广泛认同，得到了有识之士的高度赞同，赢得了社会的一片好评。加强科学教育，将科学课程推前至小学一年级，让科学课程成为与语文、数学课程同等重要的基础性课程。其目的就是补学生动手能力弱、实践能力弱、创新意识弱、创新精神不足的短板，也是增强学生的科学精神、实践创新等核心素养。一个学期实施下来，效果如何呢？网上一篇《科学课时隔 16 年重回一年级课堂：师资和设备不足是突出问题》的新闻，客观地阐明了推进过程中的一些问题。小学一年级开设科学课，是一件大好事，但要把这件好事做好，还有许多工作要做。

师资不足怎么办？小学原先是从三年级开始开设科学课的，专任的科学教师的配备本来就捉襟见肘，现在要从一年级开始开设科学课，师资缺口更大了。因为专任的科学教师配备不足，只能安排其他学科的教师兼课。兼课教师能否担负起任教科学学科的任务，是一个很严峻的问题。目前，专任的科学教师的配备不足问题，一时半会儿是不可能马上得到彻底解决的。在这种背景下，我们必须高度重视兼任教师的相关培训，确保一年级科学课能落地、有保障。为了确保一年级科学课不被兼任教师教走样，我们学校在安排课务的过程中，有意识地把一年级平行班中的一个班级，交给专任教师任教。由他负责备课、做课件，兼课教师按照他的教学要求、教学设计在其他班级施教。在师资不足、兼任教师培训工作跟不上的当下，这样的做法不失是一个好方法。

光知道重要还不够，最重要的是重视。一年级开设科学课，大家都知道这对学生核心素养的提升和国家立德树人任务的落实都有重要的作用。但重要的不一定会被重视。因为师资力量不足，也因为不是考试科目，所以会出现科学课重要但不被重视的情况。有些学校让语文教师、数学教师或者班主任兼任，兼着兼着，科学课就变成语文课、数学课了。更有甚者，因为种种原因，有些学校还会把科学课交给身体上需要照顾、即将要退休的教师任教。在这种观念指导下开设的科学课，最怕的是把学生的兴趣教没了、教丢了。因此，光说重要还不行，还要提高认识，转变观念，让上上下下都重视起来。

要把这件好事做好，还需要注意的是不要把科学课教成知识灌输课。为什么要在一年级开设科学课？目的是引导学生关心周围的世界，认识大自然，培养学生的探究能力、创造力、协作力，养成质疑问难的习惯，激发学生的好奇心，让科学成为一种生活方式和一种修养。教师不能把自己定位在知识搬运工的角色上，不能用讲解、灌输、传授的方式来执教一年级的科学课。因此，要把一年级开设科学课这件好事做好，还必须吃透国家推进科学教育的根本目的。至于设备不足，我倒觉得不是根本问题。因为通过翻看教育部审定的 2017 年义务教育教科书《科学》，以及对科学专任教师的访谈，我发现需要的设施设备很少。教材内容紧密结合学生的生活实际，所需材料不论是在农村，还是在城镇，都随处可见，教师完全可以就地取材。

只有提高认识，转变观念，加强培训，充实师资，关注学生的长远发展，立足于培养一代具有良好科学素养和创新意识的公民，我们才能把一年级开设科学课这件好事做好做实。

（此文发表于 2018 年 1 月 12 日的《中国教育报》，原标题为《科学课的"装备"还要更科学》，收入本书时略有修改。）

还孩子一个奔放的童年

在刚刚结束的 2021 年全国两会上，习近平总书记提出了"培根铸魂、启智润心"的八字育人观。对于从事基础教育的工作者来说，我觉得创造条件，还孩子一个奔放的童年，就是对习近平总书记八字育人观的践行与落实。"培"不拔苗助长，"铸"不过度呵护，"启"不灌输填鸭，"润"要五育并举。

——题注

"我想一个人静静地坐在旷野里，看看白云是怎么悠悠地飘荡的，看看月亮是怎么在云朵里穿行的。我想一个人到外面瞎逛逛，张开双臂，迎着风奔跑，跑累了，张口咬一口风，尝尝风的味道。我想发个呆，我想独自一人蹲在山径的小路旁，痴痴地看着蚂蚁是怎么把甲壳虫挪移到洞穴里去的。我想自己动手做个风筝，哪怕做得不好，怎么也飞不起来，也没关系。我想做个捕捉知了的网，去捉一捉知了，捉不着也没有关系。因为我压根儿就没打算捉住知了，我只是想体验一下用竹竿挑着一个小网，蹑手蹑脚捉知了的感觉……可是，这一切，好像离我们非常遥远。"这是我在一个孩子的习作中读到的一段感慨。这是现如今的一些孩子对无忧无虑的快乐童年的一种企盼。

对于现如今的一些孩子，童年生活犹如一个高速、机械运行的陀螺，忙碌而单调。几乎从上幼儿园开始，上学期间，每天上学由家长从家里送至学校，每天放学又由家长从学校送至家里……他们的童年时光几乎都用在知识的学习、技能的掌握中。学习过度、灌输过度是现如今一些孩子面临的境况。另外，他们还会被过度关爱。有些学校、家庭高度紧绷安全之弦，不允许孩子放学有随意逗留、玩耍的空间。孩子想放风筝，不必劳心费神做风筝，到超市里买一个就行。要玩个陀螺，滚个铁环，网上下个单，马上就能买到现成的玩具。这种没有了制作过程的玩具，无疑会使孩子的童年生活少些乐趣。因为没有了动手制作，也就少了一些玩耍的乐趣；因为没有了动手制作，也就少了一些刻骨铭心的美好记忆；因为没有了动手制作，孩子的实践机会也就变少了。

要给孩子一个奔放的童年，就要把闲暇时光还给孩子。孩子不是知识的容器，他们应该有属于自己可自由支配的闲暇时光。他们应该有发呆的时间，应该有大把时间用在无用之用的自由上，因为那些我们看起来是无用之用的自由，才是构成童年美好回忆的珍贵时光。

要给孩子一个奔放的童年，就要创造条件，让孩子有更多的机会亲近自然。给孩子一个光着脚丫走河滩上鹅卵石的机会，给孩子一个在烂泥田里摸爬滚打的机会，给孩子一个在旷野里玩耍的机会。作家苇岸曾感慨："现代的孩子穿漂亮衣服，卫生的观念将他们隔绝于孕育万物的风雨和泥土。"这样的童年是不丰富的：看不到四季，听不到虫鸣，摸不到蝉翼，闻不到泥土香；远离了土地和土地上丰富的生命，与大自然断了联系；缺少了伙伴、交流与沟通，没有了闲暇、自由。没有摸过树的皮，闻过花的香，没有走进过大自然，没有穿越过一座古城，没有在清晨逛过市场，那么孩子的成长经历也是不丰富的。这些看似无关紧要的经历和玩耍，说不定比多做几道习题、多背几首诗歌更重要。

要给孩子一个奔放的童年，就要创造条件，给孩子动手实践的机会。2020年，习近平总书记在科学家座谈会上指出，要把原始创新能力提升摆在更加突出的位置，努力实现更多"从0到1"的突破。创新能力培养不能到上大学才重视，要从娃娃抓起。因此，给孩子创造动手实践的机会，提高孩子的动手实践能力，培养孩子的探究意识、创新精神应该成为家长、基础教育工作者的普遍共识。有目的的玩、有意义的玩、科学的玩能充分调动学生动脑、动手，在玩耍中、在动手实践中练就眼手协调、心灵手巧。中国学生发展核心素养将实践创新作为六个方面之一，独立列出，其目的也在于强调加强学生的动手实践能力培养。这几年，全国各地中小学兴起的创客教育热，也从一个侧面反映了有识之士着力加强学生动手实践能力培养的努力态度。

要给孩子一个奔放的童年，就要创造条件，给孩子提供劳动的机会。现在有些孩子处在"四二一"的家庭结构中。六位长辈呵护、关爱着一个孩子。孩子在成人无微不至的"关怀呵护"下，失去了参加家务劳动的机会。家庭里缺乏劳动教育，现如今学校里的劳动教育也有待改善。2020年，《中共中央 国务院关于全面加强新时代大中小学劳动教育的意见》发布，要求切实加强劳动教育，培养学生的劳动兴趣、磨练学生的意志品质、激发学生的创造力、促进学生身心健康和全面发展。苏联教育家马卡连柯曾指出，劳动永远是人类生活的基础，是创造人类文化幸福的基础。劳动是联通教育世界与生活世界的重要环节，是促进青少年德、智、体、美、劳全面发展的重要载体。给孩子多提供劳动的机会，不仅是教育的当务之急，还是孩子"做中学""知行合一"的重要途径，更是还孩子一个奔放童年的重要举措。因此，我们要想尽一切办法，创造条件，给孩子提供劳动的机会。

在刚刚结束的 2021 年全国两会上，习近平总书记提出了"培根铸魂、启智润心"的八字育人观。对于从事基础教育的工作者来说，我觉得创造条件，还孩子一个奔放的童年，就是对习近平总书记八字育人观的践行与落实。"培"不拔苗助长，"铸"不过度呵护，"启"不灌输填鸭，"润"要五育并举。

（此文写于 2021 年 3 月 12 日。）

国外部分中小学教师概况引发的思考

教师收入不高、工作量大，这些状况在国外也存在。校长、教师用于学生的时间足够多，学分培训对正常教育教学干扰少等做法值得我们借鉴。

——题注

教育的生态环境、教师的生存发展状况一直是全社会关注的热门话题。近年来，有些教师感到压力大、责任重、待遇不高，教师职业的吸引力不断下降。为了解国外教师的生存发展状况，我在国外进行了为期21天的考察学习。通过实地考察，我对国外部分中小学教师的概况有了一定的了解。简述如下，以期读者比较研究。

国外部分中小学教师每天上课5节，每节课45分钟，备课60分钟，做义工60分钟，才算达到标准工作量。初中教师一般早上7点到校，傍晚5点离校；高中教师早上还要更早一些到校。有些教师因为在一所学校的工作量无法达标，为了达到标准工作量，往往需要到两所学校任教。奔波在同一个学区内的两所学校是常有的事。当我们问及晚上回到家以后业余时间是如何度过的时，受访的有些教师告诉我们他们晚上要备课、回复家长的电话短信等。

收入不高、工作量大，造成教师职业的吸引力逐年下降，这在国外也是一个不争的事实。国外某国相关教育部门对2008年至2013年大学生选择教育类课程的人数做了一次统计分析，发现6年间从原先的70多万人减至40多万人。农村、贫困地区、少数族裔等的学校面临着更为严峻的教师紧缺挑战。为了吸引大学生毕业后选择教师职业，当地不得不不断降低招聘门槛。有些地方因为教师紧缺，允许大学毕业生先入职从教，再慢慢获取教师资格证。国外某大学的一位教授忧心忡忡地说："教师水平开始整体下滑，现在年轻教师的执教能力与过去相比还有差距。为了解决教师紧缺问题，我们不得不到其他国家招聘教师，用工作签证、获取绿卡等优惠政策吸引人才到本国任教，以解燃眉之急。"

在走访了 10 多所中小学、聆听了 10 多个专题报告之后，我意识到教师压力大等问题要解决绝非一朝一夕的事。

国外这些中小学教师有哪些地方值得我们借鉴与学习？第一，用于学生的时间足够多。国外某中小学校长联盟对近 5 年校长工作情况的调查显示，校长用于参与学生活动的时间占全部时间的 46.1%。教师用于学生的时间所占比例要比校长多得多。某国中小学的师生比约为 1：15.7。这与我们相差并不大。为什么国外能做到班额小，走班选课常态化？关键是学校、教师用于应付各级各类检查的时间少。从早到晚，教师全天工作在教室，教室是上课的地方，也是教师办公的地方。校长除了每周一次参加教育局局长或者学区教育长召集的会议之外，较少有其他任何受打搅的事。第二，接受学分培训对正常教育教学干扰少。国外中小学教师也要接受学分培训，某国的要求是 5 年完成 90 学时的培训任务。但有明确规定，学分培训要利用假期时间完成。换句话说，在正常教育教学时间内，教师不参加学分培训，如果真有非培训不可的，绝大多数也是通过在线培训完成的。

他山之石，可以攻玉。简述国外部分中小学教师概况，既可以引发我们思考，又可以促使我们相互借鉴。在国外访问的 21 天时间里，我们发现中外的教育趋同的多，差异的少。我们的优势与长处，国外也在学习，譬如学科教研活动。这次，在国外走访参观过程中，我们就遇到几次学科教研活动。这些中小学教师也在学习我们的听课、评课和同学科教师教研活动。但目前，他们的这种教研活动还是基于本校范围内，像我们跨校举行的同学科观摩研讨活动还较为罕见。

（此文发表于 2019 年第 32 期的《广西教育》，收入本书时略有修改。）

愉悦情感体验实现治理现代化

和谐的师生关系、良好的人际关系，对于学校来说，是重要的生产力。构建和谐的关系，发挥情感的力量，能让学校焕发朝气与活力。重视师生身心愉悦的情态，构建有情有趣的现代学校治理环境，有利于学校治理现代化目标的达成。

——题注

当前，师生的身心健康备受社会关注。创设一个自由、民主、平等、和谐，让师生感到特别愉悦的校园，在当下显得尤为重要。习近平总书记在党的十八届五中全会中提出创新、协调、绿色、开放、共享的发展理念。就学校而言，我认为构建一个民主宽松、和谐融洽、身心愉悦、有情有爱的校园，就是对"绿色"这一发展理念的最好诠释。精心营造人文氛围，倡导民主管理和科学管理，让师生享有校园生活的幸福，也是实现学校治理现代化的重要组成部分。

激活，享有有趣活泼的活动

繁重的工作压力，沉重的课业负担，使得走进学校的师生，时常有一种紧迫感。不苟言笑的教师，步履匆匆的学生，让校园显得严肃有余，活泼不足。怎么调节师生的身心，舒缓他们的情绪，让他们的压力经常性地得到释放呢？

我们会定期请摄影师到学校给全体师生拍笑脸照片，教师也会用手机抓拍学生开心的瞬间。这些照片都会被我们粘贴在楼道、班级的文化墙上。久而久之，微笑成了我们学校师生的一张名片。我们坚信"你微笑，世界将与你一同微笑！"师生、家长一起在校园里露营，是我们学校的一道风景。我们常常会以年级、班级为单位，在学校塑胶跑道、操场等地举行露营、篝火晚会，使师生、家校关系融洽。我们会举行师生人数悬殊、不对等的拔河比赛，让学生品尝打败教师的喜悦。我们会举行师生打雪仗，一个班的学生和本班全体任课教师组成两大阵营，师生对打。我们会利用艺术节、校园春晚等活动，让师生反串，表演相声、小品、滑稽戏剧、影视精彩片段。教师彻底放下"身段"，让全体师生笑得前仰后翻。

作为学校管理者，我们一定要想方设法开展一些有趣活泼的活动，让师生在这些活动中放松身心，使心情愉悦。一开展活动，有些校长总想着要"有意义"，其实有的时候"有意思"比有意义更重要。学校是一个相对来说压力、竞争比较激烈的地方，师生的心理负担比较重。尤其是当下，我们如何避免师生因为心理压力过大导致的不良问题发生，我觉得管理者一定要善于通过丰富多彩的活动，让校园生活变得活泼一些、好玩一些、有趣一些、快乐一些。治愈教师的亚健康，调节学生的心理失衡，有趣活泼的活动无疑是一剂良药。

关爱，构建有情有爱的校园

学校应该成为师生诗意栖息的地方，学校应该成为师生温馨的家园，是师生的第二个家。我们学校自建校至今一直在致力于"幸福校园"建设。我们希望让学生感受到校园生活的快乐与幸福。

每天上学、放学，校门口总能看到迎候师生、欢送师生的学校领导。如果我不外出开会，每天早上，我都会站在校门口微笑着迎接师生的到来。在我们学校，所有有棱有角的地方，都被打磨成光滑的圆边、圆角，我们力求把我们的关爱做到极致。无障碍通道、无障碍厕所，在学校里门卫预备着轮椅等，这些都是对学生的一种无声的关爱。在六一儿童节，我们给每位学生准备一个精美的小蛋糕；教室门口的电子班牌，滚动播放本班学生的生日祝福等。关爱学生从"胃"开始。我们非常重视学生的营养午餐，不仅要让学生吃得健康，吃得有营养，还要让学生喜欢。

对教师的关爱，我们更是从制度到文化，有一整套配套措施。每月有一天的调休；在三八节，男教师为女教师送祝福；给教师送生日蛋糕，写祝福藏头诗；教师结婚、生孩子，学校必定送祝福、送温暖；成立羽毛球、乒乓球、篮球、足球等俱乐部，让酷爱同一类运动的教师以俱乐部为组织，定期开展活动。

马斯洛指出，每个人都有归属与爱的需要。构建有情有爱的校园，把校园变成爱的家园，让师生感受到家一般的温暖、温馨，让师生感受到被尊重、被关爱。

激励，享有有滋有味的生活

德国教育学家第斯多惠说：教学艺术的本质不在于传授本领，而在于激励、唤醒、鼓舞。这句话不仅适用于教师激励学生，同样适用于学校管理者激励教师。我们要想方设法激励教师，让全体教师每天都有一个昂扬、奋进的精神面貌。评选每月之星和年度最美教师，成了我们激励教师的重要举措。每到月末，全校教师以年级组为单位，向学校各推荐一名组内、组外每月之星；学校党支部根据被推荐的事迹材料确定一名或几名教师，或一个班组作为每月之星；升旗仪式上举行隆重表彰；给每月之星做微信推送并拍写真照粘贴在校园最醒目的楼道墙壁上。一学年结束后，我们会评选最受学生喜爱教师、阳光活力教师等各类最美教师；在教师节举行隆重表彰，让获奖者如同表彰的"感动中国"十大人物一般。

在激励学生方面，我们更是建构了一套完备的"成长银行"激励机制。我们根据立德树人的根本任务，以德、智、体、美、劳全面发展为目标，将培养目标细化成可量化的评价指标，全校教职员工和家长都是学生成长的评价者、激励者。学生在校园内外有良好表现，我们随时随地给他发"成长币"。学生将"成长币"存储在自己的成长银行里，根据成长币的多少兑换物质奖品或精神鼓励的项目。多年来，重阳节为祖辈兑换可口的点心，父亲节为爸爸兑换鞋垫，母亲节为妈妈兑换手链已经成为一项传统。学生在"成长币"的激励下，形成了向上向善的良好风貌。

以上只是我们学校激励师生的众多举措的列举。我时常用"泡菜原理"来类比学校。学校就像一个大染缸，决定泡菜爽口、好吃与否，起决定性作用的是染缸里的汁水美味与否。因此，调配好这缸汁水对于学校管理者来说，显得尤为重要。影响人、改变人的最好办法不是说教，而是熏陶与浸润。巧用各种激励措施，让师生始终保持昂扬向上、朝气蓬勃的精神风貌，从而过一种有滋有味的校园生活。

重用，享有有声有色的教育

马斯洛认为，人的需要由生理的需要、安全的需要、归属与爱的需要、尊重的需要、自我实现的需要五个等级构成。要让师生感到身心愉悦，必须充盈师生的满足感、幸福感与成就感；要让师生感受到自己在群体中是不可或缺的一分子，有自我作用发挥、自我价值体现的机会。

对于喜欢摄影、绘画的教师，我们为其创建个人摄影、绘画工作室，为其举办个人摄影、美术展；对于喜欢音乐、表演的教师，我们为其开设个人演唱会、个人才艺专场；对于教学骨干，我们为其举行个人教学特色、教学思想研讨会，为其成立研究室，举行师徒结对活动等。多年来，我们学校有一个"教师论坛"工程。在每个星期，不论是全体教师会议，还是业务学习，开始之前，我们都会安排一位教师进行主题论坛活动。或是畅谈自己对学校管理的意见建议，或是阐述自己的教育主张，或是分享自己的教育教学心得等。一个月四个星期，安排四位论坛者。论坛结束后，我们会评出一名月冠军。一个学年结束后，全校产生十位月冠军。这十位月冠军就是次年师德师风培训的主讲嘉宾。

让学生站在学校中央，让学生做学校的小主人。设立各类校园志愿者团队，确保每个学年每一位学生都能有一周的时间为大家服务；聘请"学生校长"，让学生参与学校的管理、决策；定期征集学生的意见建议，让学生当家做主；给学生做书画个展，个展结束后举行作品拍卖会，将拍卖所得捐献给结对帮扶学校、学生；让学生在营养师的指导下设计一周的菜谱，让学生设计校旗、校徽、吉祥物，让学生来创作校歌；把红领巾广播、电视台的编辑和导播等工作交给学生。

这些充分发挥师生主人公作用的创新举措，这些充分调动师生参与学校民主管理的制度设计，这些充分满足师生自我价值实现的做法，能让师生感受到被尊重、被重视、被重用。当校园里的每个人都能最大限度地发挥自己的潜能时，当校园里的每个人都能感受到"自己是不可或缺"的时，学校良好的教育生态就得以形成，学校里的每个个体都能有声有色地享有教育带来的身心愉悦以及精神上的满足。

和谐的师生关系、良好的人际关系，对于学校来说，是重要的生产力。构建和谐的关系，发挥情感的力量，能让学校焕发朝气与活力。重视师生身心愉悦的情态，构建有情有趣的现代学校治理环境，有利于学校治理现代化目标的达成。关注师生身心愉悦的情感体验，就是一种文化育人的体现。教育现代化，核心是"人的现代化"。中共中央、国务院印发的《深化新时代教育评价改革总体方案》，倡导绿色质量，提出要营造和谐育人环境，关注师生身心健康。愉悦的师生情感体验，也是落实这一方案的一种实践探索。

（此文写于 2020 年 10 月。）

第三章　思教育之惑

要真正做到多思，我们必须甘心忍受并延续那种疑惑的状态，这是对彻底探究的动力。这样就不至于在未获充足理由之前接受某一设想或肯定某一信念。

——[美]约翰·杜威

惑，乱也。教育从来没有像今天这样被社会关注，然而过度关注自然也会带来不必要的纷扰。纷扰、嘈杂不仅容易混淆视听，还容易乱了心智。要在纷扰、嘈杂中保持清醒，反思是穿透浮华的那束光。保持清醒，不忘初心，时时反省，才能不惑。

职称制度改革不能被误读

2015 年 8 月，国务院决定在全国范围内全面推开中小学教师职称制度改革。职称制度改革大框架推出后，社会上出现了一些质疑的声音。有的要求取消职称评审，按任职年限直接晋级；有的认为必须取消论文的要求，不要论文评审这一项；还有的提出取消职称与工资挂钩。总之，已有的职称评审制度在这些人眼里，需要彻底改革。

——题注

2015 年 8 月，国务院召开常务会议，决定将中小学教师职称制度改革在全国全面推开。从此，中小学教师可评"正高"了。这对广大中小学教师来说，是福音，也是福利。在职称制度改革大框架推出后，我们会听到一些质疑的声音。已有的职称评审制度在有些人眼里需要彻底改革。当下是自媒体时代，少许杂音经过反复、不断传播以后，已经开始影响部分省市职称制度改革细则的制定。

改革开放以后建立起来的中小学职称制度，在过去的时间里，对调动广大中小学教师的积极性，提高中小学教师队伍的整体素质，促进基础教育事业发展，发挥了很大的作用。现在有人提出要学习借鉴我国台湾地区取消职称评审，采取按任职年限直接晋级的方式。理由是，如果按任职年限直接晋级，可以避免教师职业倦怠，可以避免教师心理失衡，可以消除社会不稳定因素。我认为这种观点有待商榷。其实，我国台湾地区的教师职业倦怠现象比大陆严重得多。在两岸教育交流会上，台湾地区专家多次做了阐述，也有相关的文章和数据。因为采用按任职年限直接晋级的方式，台湾地区有些教师不思进取。台湾地区的这些专家在两岸教育交流会上指出，台湾地区有些教龄 15 年、20 年的教师远不及刚刚大学毕业的年轻教师。台湾地区教育专家在与大陆专家互动交流后，非常羡慕大陆的中小学教师职称评审制度，不断呼吁要学习借鉴大陆的职称制度。按任职年限直接晋级的观念，说到底，是平均主义。这种观念是典型的惰性思想。如果实施按任职年限直接晋级的职称制度，中小学教师职业倦怠现象可能比现在还要严重。

将职称评审中的"论文要求"妖魔化，是少许杂音中的重要一类。这些人认为教师写论文分散了精力，不利于教师潜心教书育人，甚至认为是一种不务正业的表现。职称制度改革提出淡化"论文要求"是对过去职称评审中"重论文、轻实绩"的一种纠偏。但我们千万不能将其妖魔化，撰写论文对于促进教师专业成长的积极意义不容忽视。培根曾经说过，读书使人充实，讨论使人机敏，写作使人精确。职称评审中的论文要求，对教师队伍的提升与引领作用是很大的，对教师专业发展的影响是深远的。在人民教师中，要求取消论文的毕竟是少数，沉默的大多数对这项制度是认可、赞赏的。我们千万不能因为少数人的要求，就丢弃了一项好制度。我们要警惕"会哭的孩子有奶喝"的惯性思维。我们不能因为社会上有少部分论文买卖的行径，就把"孩子和洗澡水一同倒掉"。苏霍姆林斯基说：如果你想让教师的劳动能够给教师带来乐趣，使天天上课不至于变成一种单调的义务，那你就应该引导每一位教师走上从事研究的这条道路上来。经过多年的努力，现在绝大部分教师开始意识到教育写作的重要性了。我们千万不能听信部分人取消职称评审中的论文要求。论文要求可以淡化，不能取消。

职称评审制度比较客观真实地将教师群体"金字塔"式的正态分布状态呈现在我们面前。这一制度有其不断完善的发展空间，但我们不能全盘否定。尤其要警惕那些要求按任职年限直接晋级和取消中小学教师职称工资的声音。我们更希望看到教师下班以后读书、研究、撰写教育教学反思。职称制度改革是关系到千百万中小学教师切身利益和专业发展的大事，也是关乎科教兴国的大事，不宜被误读，更不能犯矫枉过正的错误。

（此文发表于 2017 年 5 月 17 日的《中国教育报》，收入本书时略有修改。）

减负的关键是全社会观念的转变

减负的前提与基础是转变人才观念。减轻中小学生过重的课业负担是一个系统工程，需要政府、全社会的共同参与。

——题注

2018 年 12 月，经国务院同意，教育部等九部门印发《中小学生减负措施》（简称减负三十条）。该措施要求，地方各级人民政府要针对行政区域内中小学生学业负担情况完成摸底分析，并制定详细减负实施方案，抓好组织实施。经浙江省人民政府同意，浙江省教育厅等十四部门印发的《浙江省中小学生减负工作实施方案》（简称减负实施方案）是对教育部措施要求的积极响应，是对减负三十条的具体化、细化，是结合地方实情、具有可操作性的实施策略。

不论是中央印发减负通知，还是地方各级政府出台减负措施，都是社会热点、舆论焦点，牵动人心。细细一想，这是必然的。因为教育关系着千家万户，是重大民生事业，与每个家庭都息息相关。只要涉及教育的有关政策制度、改革举措都会产生巨大的社会反响。近年来，国家也多次出台"减负令"，其规格之高，措施之细，让人印象深刻。各地在不同程度上均取得了一些阶段性成果。但是，毋庸讳言，中小学生的过重课业负担问题，还没有得到完全解决。有时，还陷入了两难的境地。此次出台的《浙江省中小学生减负工作实施方案》有哪些实质性的突破呢？我学习之后，最大的感觉就是，减负实施方案对"观念"的转变尤为重视。

减负实施方案强调家长转变育儿观，对孩子有正确的合理预期，树立科学的育儿观念。生活中，如果我们要让鱼儿离开水和猴子比赛爬树，大家一定会觉得有点荒唐。但家庭教育中还存在这样的现象。有些家长不仅要让"鱼儿"和猴子比赛爬树，而且"鱼儿"爬树下来，还要和骏马比赛跑步。拔苗助长的寓言故事妇孺皆知，大千世界的花木品种千差万别，甚至连两片完全相同的树叶都无法找到。这个地球上，有多少个人，其实就有多少种生命的方式。这些道理、这些现象，我们都知道，但有些家长会不顾孩子的实际情况。减负实施方案旗帜鲜明地指出，家长要转变育儿观念，理性帮助孩子确定成长目标。家长必须把保障孩子的睡眠时间，把孩子的近视防控，把孩子的身心健康成长放在首位，切实履行家长在引导孩子健康生活上应尽的职责。我对我们学校的学生进行抽样调查后发现，有些家长会焦虑不已、自我加压，想方设法给孩子"加餐"。现在上各类培训班带给学生的负担以及家长给予孩子的额外负担已经远大于学校给孩子的课业负担。对于孩子来说，我觉得适合的才是最好的。我教过一名学生，学习成绩一般，但这个孩子的组织能力特别好，爱唱会跳。家长和孩子征询我的意见，问要不要上培训班。我建议家长让孩子多提高音乐素养。后来，孩子在中考后报了中等职业学校的幼儿教育专业。这个孩子在中职毕业后，当了幼儿教师，发展得特别好。这样的例子不胜枚举。十个手指长短不一，各有各的用处。三百六十行，行行出状元，做最好的自己，选择最适合自己的。

减负实施方案强调教育工作者转变学生观，促进学生的个性化、多元化发展，促进学生的身心健康发展。减负实施方案从教学、作业、考试、评价、招生等学校教育的全过程，都提出了非常明确、细致、可操作的要求。这些要求有相当一部分都不是第一次提出的。为什么要重复提出来？是因为在实际执行中，有一些学校没有做到因材施教，没有用多把尺子评价学生，唯分数、唯升学率。个中原因，虽然有些是外界影响所致的，但与教育者本身的教育观、学生观没有得到彻底转变也是分不开的。有一部分教师对分数尤其是与升学息息相关科目的分数过于看重。可见，实施个性化教育，进行多元评价依然存在一些困难。减负实施方案针对这些不良现象，采用严苛的量化数据，让中央减负通知具有可操作性。目的就是转变教育工作者的学生观，把保障学生的身心健康和全面发展作为底线。我所在的学校是区域内老百姓口碑很不错的一所小学，自从执行划片招生、就近入学的政策后，家长们不能择校了，想方设法开始"择班"。为此，我们采取均衡分班的举措，力求做到公平、公正、透明，不仅塑造了良好的社会风气，还转变了教师的教育观念。

减负实施方案能不能落地，在执行过程中会不会走样，关键还是在教育工作者的观念能不能转变。如果全体教育工作者观念转变了，减轻学生过重的课业负担就一定不会变成一句空话。

减负实施方案强调政府、社会转变用人观，树立正确的人才观。减负的前提与基础是转变人才观念。减轻中小学生过重的课业负担是一个系统工程，需要政府、全社会的共同参与。此次出台的减负实施方案强调政府转变管理、监督职能。同时，减负实施方案也明确指出，教育行政部门要重构标准。什么样的教师是好教师？什么样的学校是好学校？什么样的教育是好教育？减负实施方案提出了政府应该转变的评价观念。

浙江省教育厅等十四部门为了落实中央的"减负"精神，在出台《浙江省中小学生减负工作实施方案》前，做了广泛深入的调研。这些部门在摸底调查的基础上，成立了起草领导小组；减负实施方案初稿出来之后，又面向社会广泛征求意见；在此基础上，进行审议会签、合法性审查，工作可谓足够细致。减负实施方案最终能否真正攻克"中小学生过重课业负担"这个顽疾，需要教育工作者、家长、政府以及全社会彻底转变观念。只有思想观念彻底转变，"减负"这个问题才能真正解决。我们期待着中小学生在适切的课业负担下健康、快乐成长。

（此文发表于2019年12月16日的《浙江教育报》，收入本书时略有修改。）

我们要看到我国教育的优势

> 在讨论我们的教育问题时，我们应该看到中国学生的学习专注高、基础扎实、知识掌握牢固、课堂效率高等优势。
>
> ——题注

2016 年 7 月，英国教育部门宣布，全国约 8000 所小学将采用亚洲国家，特别是中国学生学习数学的方法，并为此向这些学校拨款 5000 多万美元。这项改革涉及全英国约一半的小学。英国教育部门发言人称上海 15 岁学生的数学水平比英国同龄学生超前 3 年左右；已有一些英国学校采用了来交流的中国数学教师的教学方式。

我国澳门借鉴内地的做法，自 2015 年开始举行小学数学教师优质课比赛。台湾教育界许多有识之士，在看到大陆教师职称评审制度对教师专业发展的引领作用后，呼吁借鉴职称评审制度。

上海中学生在国际学生评估项目(PISA)中连续两届获得数学、阅读和科学第一，而且数学平均分远高于英国学生的平均分，优秀率也高于英国学生，这样的成绩引起了全世界的关注。2014 年，英国教育部门选派多位小学数学教师到上海考察学习。2015 年，英国播出了 3 集纪录片《中国式教育》，记录了 5 位中国教师在英国，用中国教育方式对英国孩子进行为期 1 个月的教育教学的过程。英国教育界这样做，旨在破解中国教育的秘密。通过比较，他们总结出了上海数学教育的六大优势和"秘密"。《中国教育报》曾以《我们为何看不到英国人眼中的"中国教育"》为题，刊发评论文章。

在讨论我们的教育问题时，我们应该看到中国学生的学习专注度高、基础扎实、知识掌握牢固、课堂效率高等优势。从英国教育部门组团访华"取经"、播出纪录片到采用"中式教学"，这些都告诉我们，关于我国教育，我们有点妄自菲薄了。有些人批评的多，辩证看待的少。

　　同样的道理，中国现行的教师研训制度，特别是不同层级的赛课制度，虽然存在这样那样的一些问题，但不可否认的是，这样的赛课制度对教师的引领示范作用无疑是很大的。通过类似于全国青年教师小学数学优质课、小学语文优质课等比赛，新的教育教学理念会在很短的时间里传遍神州各地，进而影响与改变广大一线教师。中国设立的各级教研员队伍、中国的校本研训制度等在别人眼里都是"中国教育的秘密"。澳门专家在与内地专家的教育教学交流中，深切感受到了全国赛课对全面提高教师教育教学水平、提升教育教学理念的作用。所以，自 2015 年起，澳门借鉴内地的做法，引进赛课制度，并聘请内地特级教师、教研员担任评委。

　　这几年，对中小学教师职称评审制度的批评有所增加。有人主张取消职称评审制度，模仿台湾地区，达到一定教龄自动晋级；有人提出，一线教师不用写论文、进行课题研究，只要把书教好，因此职称评审应取消论文、课题评审。取消职称评审，采用论教龄晋级真的好吗？我曾有机会接触台湾地区的一些教师，每次谈及大陆的职称评审制度，他们都非常羡慕。他们说，台湾地区因为按照教龄晋级工资等级，教师的职业倦怠感较严重。最让他们担忧的是，有些教师虽然有十几年教龄，但教学水平甚至还不如刚入职的教师。为什么会这样？因为这些教师只是把一年的故事重复演绎了十几遍而已。没人愿意上公开课，没人愿意开展研究，他们现在在奔走呼吁引进大陆的职称评审制度，以期破解教师的职业倦怠危机。为什么有些教师会抵制写论文、进行课题研究呢？其实教师写论文、进行课题研究，最终目的不仅仅是改进教育实践，还在于改变自己的生活方式，从而在工作中获得理性的升华和情感的愉悦，提升自己的精神境界和思维品质。我们不能因噎废食，因为存在瑕疵，就全盘否定，这种思维不可取。

　　（此文发表于 2016 年 7 月 20 日的《中国教育报》，收入本书时略有修改。）

为中国式教育智慧"出口"喝彩

　　从 2016 年英国政府引进中国的数学教材到推行九九乘法表，我们真切感受到中西方文化交融的步伐。过去，我们更多地向西方发达国家学习，采取"拿来主义"；现在，西方发达国家开始向我们学习，对我们的好东西采取"拿来主义"。我相信，随着中国综合国力的不断提升，我们国家先进教育经验的输出力度还会不断加大，输出的教育经验也会越来越多。

——题注

　　2018 年 2 月，网上一篇《中国数学教学法出口英国：2020 年"九九乘法表"将普及》的新闻，引起教育界的广泛关注。国外相关媒体报道：从 2018 年 3 月起，英国会对 29 所小学四年级学生进行乘法表测试，参与测试的学生共有 7000 多人。不仅如此，这项测试 2020 年在全英国普及。有关后续新闻报道显示，英国不仅全面引进了中国数学教学法，连我们的《一课一练》都全盘引入了。

　　一个小小的九九乘法表折射出的是中英教育乃至中西方文化和教育的互动与碰撞、交流与交融、学习与借鉴。随着中西方交流的不断深入与扩大，我们国家各方面的成就越来越受到世界各国的广泛关注。在国际学生评估项目中，中国学生的数学、科学等学科素养明显优于其他国家的学生，这些数据与成绩同样引起了全世界的关注。从 2014 年英国教育部门选派教师到中国考察，到 2015 年英国播出纪录片《中国式教育》，到 2016 年引进中国数学教学法，再到 2018 年提出全面普及九九乘法表，归根结底，都是在借鉴我们国家的先进教育经验。本来，借鉴他人的先进经验，采取"拿来主义"，也不是什么新鲜事。英国全面普及九九乘法表，为什么会引起社会的广泛关注呢？原因很简单。因为一直以来，都是我们借鉴他人的先进教育经验多。现在，风向变了，不经意间，我们的教育经验开始被别人借鉴了。我相信，随着中国综合国力的不断提升，我们国家先进教育经验的输出力度还会不断加大，输出的教育经验也会越来越多。

由英国普及九九乘法表，我还想到了另外一个话题，即我们既不能夜郎自大，也不能妄自菲薄。中国的基础教育有许多好的传统、好的做法，在世界多极化、经济全球化、社会信息化、文化多样化的新时代，我们一定要有定力和判断力。对于那些优良传统和先进经验，我们一定不能动摇，要坚持。前些年，在新课程改革推进过程中，有一些专家就提出这样的观点：在科技如此发达的今天，计算器能全面替代人工计算，没有必要再训练学生的计算能力。果真如此吗？其实不然，计算能力是数学学习的基础，好比万丈高楼的地基。地基不打扎实，万丈高楼犹如建在沙丘之上。现在，英国之所以要全面普及九九乘法表，就是因为他们看到了由学生计算能力薄弱带来的一系列数学学习的问题。

由英国普及九九乘法表，我还想到了文化自信。习近平总书记指出，要坚持中国特色社会主义道路自信、理论自信、制度自信、文化自信。在经济全球化、多极化迅速发展的新时代，中西方文化的交融从来没有像今天这样跨国界、无缝隙。在这样的大交融、大碰撞过程中，越是民族的越有生命力。九九乘法口诀，早在春秋战国时期，就被人们广泛利用。我们不仅有许多像九九乘法表那样的优秀传统文化，还有许多产生于近当代的先进文化。在世界犹如地球村的今天，我们应该有高度的自信心。对于教育工作者来说，文化自信具体体现在教育自信、教学自信等方面。从孔子的"有教无类""教学相长"到陶行知的"生活即教育"；从王阳明的"知行合一"到蔡元培的"五育并举"；还有我们的教研制度、教师培训制度、职称评审制度等，在世界范围内都有借鉴意义。

在与世界各国的多向交流互动中，在文化的输出与输入过程中，我们既不妄自菲薄，也不沾沾自喜。我们在吸纳、借鉴他人先进经验的同时，也在不断地为世界贡献中国智慧。这或许是未来中国应有的姿态与风范。

（此文发表于 2018 年 3 月 1 日的《中国教育报》，收入本书时略有修改。）

公职教师参与在线教学当有边界

公职教师能否参与在线有偿授课？答案是否定的。我们要及时修订相关规定，让有些在线培训平台和公职教师无"可乘之机"，无"擦边球"可打。

——题注

当前，有些在线教育培训机构利用"名师在线""名师一对一"等抢占在线培训市场。其中，有一些在线培训平台利用对于"互联网＋教育"这个新兴事物国家目前没有明确行业规定以及相关监管制度的特点，鼓动一部分在职教师参与在线教学、在线辅导等，打在职教师的"擦边球"，给整个教育系统的生态环境带来了一些负面影响。

随着信息化的快速发展，基于互联网的在线教育、在线学习、在线培训已然遍布各行业各领域。在线教育、在线学习、在线培训，少不了"在线老师"。公职教师能够参与在线平台面向学生推出收费的"在线教育"吗？尽管目前还没有相关的行业规定，但我认为这显然是不可以的。2015 年，教育部曾下发《严禁中小学校和在职中小学教师有偿补课的规定》。尽管规定并未对网络有偿授课进行说明，但在线有偿授课与有偿家教和有偿补课，不同的只是形式而已，性质是相同的。在线有偿授课和线下有偿补课，差异的只是线上和线下的形式而已，实质都是"有偿"的。因此，有些在线培训平台鼓动在职教师参与有偿授课，这个"擦边球"显然打错了。不管是否有明文规定，不管是不是在上班时间内，公职教师都应该自律，不要去打这个"擦边球"。

公职教师参与在线教学当有边界。哪些在线教育、在线培训是可以参与的呢？公益性质的在线教育，面向教师队伍开展的学分培训，教育行政部门或者由教育行政部门委托的相关培训机构组织的有关培训，我认为公职教师完全可以放心参与。当然，"互联网＋教育"是个新兴事物。当前，在线教育飞速发展，公职教师也要不断增强自己的知识产权意识、版权意识。有些在线教育平台，选用公职教师的照片、公开课视频、公益讲座的授课内容等，根本不与教师本人取得联系。这就好比有些商家、厂家在做商品广告时，冒用、盗用明星的照片。因此，公职教师要增强知识产权意识和维权意识，不要让一些不法的在线教育平台钻了空子。

社会的高速发展，许多新生事物层出不穷，生活、工作方式不断变换，国家的立法、行业的规定等往往会落后于一些新事物、新样态。这也提醒相关行业、部门的监管者一定要有前瞻性、预见性，一定要与时俱进，及时跟进，及时制定、出台相关的法律法规，规避风险，防患于未然。公职教师能否参与在线有偿授课？答案是否定的。我们要及时修订相关规定，让有关在线培训平台和公职教师无"可乘之机"，无"擦边球"可打。相关部门或者超前设计有关制度、规则，或者及时修订、出台有关法律法规，这是职责所在。上述的新闻报道，同时也提醒我们，要注意管理的空白地带。在线教育平台为什么会出现资质、水平、师资良莠不齐，甚至鱼龙混杂的现象？谁对在线教育平台有监管的权限，是信息产业部门，还是教育主管部门？往往那些需要联合执法的地方，恰恰是管理的空白地带。

中国互联网络信息中心数据显示，截至2017年6月，中国在线教育用户规模达1.44亿。庞大的市场需求催生了大批在线教育公司。面对高速发展的在线教育，如何规范这一行业，使其可持续；如何监管在线教育的师资问题，显然是值得思考的大问题。

（此文发表于2017年10月12日的《中国教育报》，收入本书时略有修改。）

去除教育雾霾，让好教师茁壮成长

0.1％不代表99.9％，当教育系统里出现个别负面案例时，我们不能以偏概全，否定整个系统。对教师管理时不能天天上紧箍咒，这个不准、那个严禁。类似这样的问题，我统称为教育系统里的雾霾。希望全社会都来关心教育系统的生态环境，不要让雾霾在教育系统弥散。

——题注

习近平总书记提出的"四有"好老师如号角，激励着广大人民教师提升专业素养，锤炼品行情操；赋予新时期人民教师新准则，希望教育工作者以高洁的思想、高尚的品格、严谨的学风影响学生，为学生树立好榜样。在广大人民教师积极争做"四有"好老师的追求中，我们期许全社会要为好教师的培育营造良好氛围，去除教育雾霾，为好教师茁壮成长创造良好的环境。

0.1％不代表99.9％，多传递正能量

不知从何时起，媒体开始热衷于报道负面新闻，对教育系统也是这样。这两年，我看到媒体报道了几起教师方面的负面新闻。一时间，太阳底下最光辉的人民教师成了社会的众矢之的。但是，冷静理性地思考一下，全国有近1600万位人民教师，这是万分之一或者十万分之一的偶发事件。我们绝不能将其无限放大，以偏概全。0.1％不能代表99.9％。教育系统内有不少可歌可泣的好教师，我们应该把镜头更多地对准那些平凡中彰显着不平凡，普通中折射着不普通的好教师，多宣传报道正面人物，多传递正能量。

硬币有两面，还教师惩戒权

古往今来，万事万物都有一个颠扑不破的道理：物极必反，过犹不及。教育孩子也是这样，一味地呵护、溺爱，是不符合教育规律和儿童成长发展规律的。当下还存在这样一些现实状况：有些学校只允许教师进行赏识教育，不允许教师对学生进行惩戒。面对出现问题的学生，有些教师不敢批评，选择回避和放弃。看到这种教育现状，有教育情怀、使命感和担当意识的好教师感到非常忧虑。如果全国近1600万位人民教师每人放弃一位"问题学生"，那么将来我们会给社会输出多少"不合格公民"？硬币有正反两面，赏识教育和惩戒教育就像硬币的正反面，缺一不可。因此，把惩戒权还给教师，是造就好教师的现实需求。

遏止校闹，依法治教

一个大四男生因为失恋自杀，家长把所有责任推给学校；一所中学因为安排刚刚毕业的大学生任教，家长不答应，便用罢课的方式抵制；一所小学因为班主任怀孕生产安排另一位教师接替，家长不满意，便大闹学校……这样的事情偶有发生。全面推进依法治国，是实现国家治理体系和治理能力现代化的必由之路，是实现中华民族伟大复兴中国梦的必由之路。依法治校、依法治教是深化改革、推动发展、化解矛盾的基石，是构建和谐育人环境的保障。全社会要为好教师的培育营造良好的氛围和环境。

（此文写于2015年9月。）

给学生"减负"也要给教师"减负"

　　人能常清静，天地皆悉归。心静则智生，智生则事成。教育工作者最需要的是宁静、守恒，如果天天心浮气躁，天天被与教育无关的杂事缠身，便很难做到静心教书、潜心育人。教育是一项需要心无旁骛、专心致志、持之以恒的事业。

——题注

　　在党的十三届全国人民代表大会第一次会议记者会上，教育部部长陈宝生表示，现在教师负担很重，各种填表、各种考评、各种比赛、各种评估，压得有些教师喘不过气来。陈部长呼吁，要把时间还给教师。学校要让教师有足够的时间和精力研究教学、备课充电、提高素质、提高质量。陈部长的呼吁道出了一线教师的心声。2016 年 2 月，国际经济合作与发展组织公布的教师教学国际调查结果(TALIS)项目显示，上海初中教师每周工作时间为 39.7 小时，其中用于课堂教学的时间为 13.8 小时，占工作时间的近三分之一，远低于国际平均值 19.2 小时。这项调查结果也能证明陈部长的呼吁。因此，在大声疾呼给学生减负的当下，也要大声疾呼给教师减负，要把时间还给教师，让教师有足够的时间可用于教学。

　　给教师减负先要把教师从杂事堆里解放出来。杂事来自系统内外各级各类名目繁多的填表、竞赛、活动等。廉政文化进校园要有教育痕迹，文明餐饮、光盘行动要有数据，垃圾分类教育要有计划、总结。为了做好安全工作，要督促家长上指定的网站学习安全知识，并将家长完成情况登记造册上报……这些杂事，有校内的，有校外的，有教育系统内的，有教育系统外的，教师都必须应付。这些杂事，耗费了教师大量宝贵的时间，使得一线教师没有足够的时间和精力研究教学、备课充电、提高素质、提高质量。

给教师减负需要不断完善有关教师培训制度。导致有些教师没有足够时间用于教学的另外一个重要原因是在岗教研活动多、业务培训多、各类评比多。不可否认，教研活动、业务培训、各类评比对提高教师专业水平有一定的促进作用。但我们必须思考一个更严肃的问题：如果教师频繁外出培训，正常的教学秩序会受到影响，这不是教育应有的常态。除了各级各类被动培训外，还有各类评比也充斥着教育全过程。

除了杂事多、培训多之外，让教师不能安心教学的还有一个原因，那就是检查多。每年，有些学校要接受的评估、检查很多。说起来，这些工作都很重要。但往往因为检查的部门不同、侧重点不同，检查时需要准备的材料也不尽相同。为了应对这一项项检查，有些教师要投入很多精力汇总资料。

近年来，一些有识之士都在不停地呼吁：还学校一片宁静教育的空间，给教师松绑，让教师做纯粹的教育，让学生有一间安放安静课桌的教室。十年树木，百年树人。教育是一项需要心无旁骛、专心致志、持之以恒的事业。古人云，人能常清静，天地皆悉归。心静则智生，智生则事成。教育工作者最需要的是宁静、守恒，如果天天心浮气躁，天天被与教育无关的杂事缠身，就很难做到静心教书、潜心育人。

但愿陈部长的呼吁能切实得到有效回应，开启新时代教师静心教书、潜心育人的新风貌。

（此文发表于 2018 年 3 月 26 日的《中国教育报》，收入本书时略有修改。）

不做校长不知校长的辛苦

说一说校长的辛苦，我只是想让大家意识到，其实谁都不易。校长这个岗位就个体来说，更多的是付出、牺牲。因为校长会一心扑在学校管理上，心里装着老师、学生可能不会担心的东西，渐渐成了老师、学生的阶梯、嫁衣、渡船。

——题注

忙忙碌碌中，我也从校长队伍中的一名新兵变成了元老。自从 2001 年走上副校长岗位，2009 年出任校长，屈指算来，当校长已近 18 年。人生苦短，一辈子能有多少个 18 年？用职业生涯来计算，18 年绝对不是一个小数目。18 年的摸爬滚打，个中滋味，只有做过校长的人，才能甘苦自知。

且不去谈论校长对学校的宏观规划、价值引领，且不去谈论校长对教师队伍发展、学生全面发展的呕心沥血，我列举平日里的一些琐事，就可知校长的辛劳非同一般。

宁波是个海滨小城，宜居城市。因为地处海边，每年少则几次，多则十几、二十来次台风，是自然现象，正常规律。一有台风预警，防台风便是校长的常规工作。在我的办公室里，雨鞋、雨衣和手电筒是标配，它们已经伴随我整整 10 年。学校往往是地方政府防灾避灾安置点。每次遇到极端天气，学校的体育馆、教室都要用于民工临时避灾安置。体育馆、教室里一天到晚灯火通明，校长安全压力的弦紧绷，思想高度紧张，唯恐出乱子、出纰漏。应对极端天气，不是沿海城市独有的特色，其实在全国各地做校长都要应对不同地区的极端天气。沿海城市要防台风，北方地区要防暴风雪，西北地区要防沙尘暴，山区要防泥石流、山洪塌方。

校舍安全问题，也是校长心头的一块重石。诸如下雨天漏水、墙皮脱落、墙砖脱落、地砖松动、外墙玻璃爆裂……也都会遇到。我们学校是一所新建校，从投入使用到现在也就 10 年时间，当初我还曾经全程参与建设监督，但依然有今天这里漏，明天那里漏的烦恼。

学校的辅助工程、配套设施保修期基本上在两三年。我们学校建造的时候，当时外墙还是流行贴瓷砖的。整所学校，所有建筑外墙都贴着墙面砖。时间一长，外墙瓷砖空鼓、松动、脱落。学校建好才几年，不可能把所有瓷砖扒了重新贴一遍，不仅资金不允许，时间上也不允许。几万平方的建筑，要把外墙扒了重新贴一遍瓷砖，没有半年、10 个月是不可能完工的。瓷砖脱落，万一砸到学生怎么办？为了以防万一，学校只得定期检查，查一次修一次。

宁波是沿海城市，地下基本上是软土层。房子建好以后，还会有沉降现象。因为沉降，地下的水管也会爆裂。大的漏水点，夜深人静的夜晚，我们请专业人员用专业仪器能很快排查。但有些小的漏水点，往往非常难以排查。

学校里哪个开关管哪路电灯，哪个开关在楼道的哪个地方，我基本都能说出来。学校里有多少个消防栓，灭火器什么时候该检修了，校长都要关注。校园里哪里东西坏了需要维修，什么时候绿化该杀虫了，都要牵挂。校长的脑瓜里要装这么多琐事，没有做过校长的人永远不会知道。铸铁栏杆生锈腐蚀了，需要及时点焊补油漆，校长要关心；学校与外面连接的自来水管，总控制阀门、水表在哪里，校长要知道；学校与外面连接的总配电装置在哪里，电表在哪里，校长要知道……对于校长来说，这些都是心里不可不装的大事。

随着学校的发展，要不断增补一些校园文化景观工程。在学生正常上学期间，进行校园文化景观工程增补施工不现实。寒假时间短，又恰逢中国人的传统节日春节，想施工没有工人。对于学校来说，要增加一些零星工程，唯有暑假两个月。在暑假，对于南方人来说，高温炎热天气是最难熬、最难忍耐的。校长要催促着工人、督促着施工单位，赶工期；还要考虑施工结束后，让环境洁净如初。

像这样的琐事，对于校长来说已经习以为常。我仅仅列举如何应对极端天气和校园常规维修、维护这样两个方面作为例子加以说明而已。

我在这里只是想真实描摹中小学校长的一种状态。我时常想，对于国家、社会、师生、家长来说，有这样的一大批校长，是幸运的。校长这个岗位就个体来说，更多的是付出、牺牲。因为校长会一心扑在学校管理上，心里装着老师、学生可能不会担心的东西，渐渐成了老师、学生的阶梯、嫁衣、渡船。

（此文写于 2018 年 7 月。）

第四章　话改革之难

行路难！行路难！多歧路，今安在？

长风破浪会有时，直挂云帆济沧海。

——［唐］李白《行路难》

改革如同一只被现实所缚之鸟。因循守旧、封闭僵化的保守力量如同缚鸟之绳，鸟儿振翅不力，脱离不了束缚；振翅过猛，又容易撕裂翅膀。能做到顺势而为、乘势而上自然是最理想的境界。善待它们，才能让大家看到希望。

改变生源配置，向改革深水区迈进

2018 年 3 月 20 日，宁波市教育局发布了 2018 年义务教育阶段学校招生入学政策。其中，最受社会关注的是加强民办中小学招生入学统筹管理，公办背景的民办小学和初中采取电脑派位加自主招生的方式进行招生，进一步合理配置生源。该政策出台以后，引发了社会的广泛热议。本文是我个人关于宁波市教育局招生新政策的认识与看法。

——题注

2018 年 3 月 20 日，从宁波市政府官网、央广网等信息平台获悉，宁波市教育局发布义务教育阶段招生新政策。民办初中跨区招生被叫停；有公办背景的民办初中，即所谓的老百姓心目中的名校，在本区内招生，用电脑摇号取代过去的"掐尖"；普通高中分配到区域内各初中的招生数比例不低于 50%，适当向薄弱初中、农村初中倾斜。新政策一出，引起了社会的广泛关注，抱怨不解、批评指责的声音也有，但更多的是欢呼雀跃与对崭新未来的期许。

实施招生新政策的核心是改变原本的生源配置结构。原来，如果一个地方有重点高中的话，高中招生时，是划分数段的，最优学校得最优学生。强者恒强的效应，使得以它们为背景的民办初中、小学极具招生吸引力。这些以公办优质学校为依托的民办学校，因为拥有高度的自主招生权限，所以在招收小学生、初中生时，可以百里挑一、优中选优。这种掐尖式的招生政策，阻碍了教育均衡化的推进。现如今，通过党和政府加大投入，学校硬件的优质均衡已经朝着良好的方向发展，但真正要实现教育优质均衡，必须改变原先固有的生源配置政策，让普通公办初中和原先所谓的优质民办名校享有同等的生源基础，让办好老百姓家门口的每一所学校成为一种可能。

　　实施招生新政策的目的是切实减轻学生的课业负担。减轻中小学生过重的课业负担，是全社会的夙愿。事实上，教育部和地方各级教育行政部门曾先后出台多项政策，以减轻中小学生过重的课业负担。政策频出，教育行政部门三令五申，行政力量几乎用到最大，正规的学校教育体系不断进行减负，但学生的负担和家长的焦虑却并没有得到有效缓解。减负成了一个顽疾，越减负担越重。如何走出"学校减负，社会增负""教师减负，家长增负"的误区？转变招生方式。进行招生方式的改革等于说是减轻学生过重负担的关键。造成中小学生放学后、节假日期间忙于参加各种辅导培训，学生校外负担重的关键原因是大家都想通过辅导培训、竞赛辅导去抢占那些所谓名校的民办初中的入学指标和名额。所谓的名校，就那么几所，学额就那么一些。大量的是直升片区内对口初中的学生。按照原来的招生政策，民办初中可以"掐尖"，家长为了抢那些名额，不得不把孩子送到外面进行培训辅导。这样把整个家长、学生群体都带入了一个恶性循环的怪圈。对公办背景的民办初中实施跨区招生叫停、本区招生电脑摇号，一下子切中了减轻学生过重课业负担的要害，相信从长远发展来看，对治疗"学生课业负担过重"的顽疾是一剂良药。

　　实施招生新政策也是治理校外辅导乱象的创新举措。治理课外辅导班乱象，成了2018年两会热点。2018年2月13日，教育部办公厅、民政部办公厅、人力资源和社会保障部办公厅、工商总局办公厅印发《教育部办公厅等四部门关于切实减轻中小学生课外负担开展校外培训机构专项治理行动的通知》，决定联合开展校外培训机构专项治理行动，切实减轻中小学生的课外负担。这期间，我们一定会听到多方面不同的声音，但我们要坚持正确的判断。对公办背景的民办初中实施跨区招生叫停、本区招生电脑摇号，是治理校外乱象的创新举措。

　　习近平总书记指出，中国改革已经进入攻坚期和深水区，我们将以壮士断腕的勇气、凤凰涅槃的决心，敢于向积存多年的顽瘴痼疾开刀，敢于触及深层次利益关系和矛盾，把改革进行到底。同样，教育改革也已经迈入深水区。我们必须大刀阔斧，采用刮骨疗伤的举措对顽瘴痼疾开刀。阵痛需要时间来疗伤，但我们相信这一步迟早都是要走的。因为生源配置均衡是教育走向优质均衡的时代需要，也是办好千千万万老百姓家门口学校的需要。

　　（此文写于2018年3月27日。）

谢师不必宴，老调不重弹

一位率真校长的教育哲思

　　每年都有一些特定的话题在特定的时间里会成为大家关注的焦点。春运、高考、中考……不知何时起，"谢师宴"竟然也成了省略号中的一个。这几年，为了管住这股不良风气，全国从上到下，都很重视，"谢师宴"终于慢慢淡出了我们的话语系统。真希望谢师不必宴，老调不重弹，热点成过往，新风代代传。

——题注

　　2018年6月12日，人民网刊发了《重庆下发通知：严禁违规操办和参加升学宴、谢师宴》一文。时值中考、高考期间，重庆市纪委、监察委员会再次重申中央八项规定精神，对当年有子女毕业升学的党员干部或公职人员进行教育和提醒。近年来，每到这个节点，全国各地都会印发有关文件、通知，反复强调党员干部、教师严禁参加"升学宴""谢师宴"。旧话新提，边鼓常敲，其目的就是管住党员干部、师生们这股不良风气，营造一片风清气正的社会新风。不论是"升学宴"，还是"谢师宴"，似乎都与感谢教师有关，如果我们教师能刹住这股不良风气，估计这些老调就不需要年年重弹。如果我们能做到谢师的宴请教师来拒绝，教师的辛劳政府来慰问，感谢的方式仪式来完成，自然就能实现良好的新风学生来传承的最终目标。

　　"升学宴""谢师宴"会成为特定时间的一个热门话题，有家长的真心感恩，也有不良的攀比，还有商家营销的助推。现在，当它成为不良风气的代名词，成为纪委、监察委员会需要定期发文提醒的事项的时候，作为与之相关的教师，我们应该态度鲜明地亮出我们的观点："谢师不必宴，新风我来树。"如果每年面对六个规定、八个不准、十个严禁这样的

"老调重弹"，做教师的还能心安理得地赴宴，那真是需要反省了。现如今，埋怨教育、指责教师的现象还存在，我们一定要爱惜自己的羽毛，维护自己的形象。

谢师不必宴，感恩不可缺。我们一面要坚决抵制"升学宴""谢师宴"，一面要做好毕业生感恩母校、感谢教师的教育工作。我们应该策划设计有学生、家长、教师一同参与的具有教育意义的极具仪式感的毕业典礼、告别仪式。把感恩母校、感谢教师用自制的贺卡、用歌声、用话语、用拥抱等方式来表达，用纯净、朴素又有意义的形式来表现。真心的感谢和拥抱，胜过一桌的山珍海味。

谢师的宴请教师来拒绝，教师的辛劳政府来慰问。毕业班的教师往往是学校里最辛苦的一个群体。为了学生能考上心仪的学校，为了学生能得到最优发展，我们的教师一心扑在工作上。在每年毕业季，许多教师最大的愿望绝不是接受宴请，而是得到关怀和肯定。我觉得学校、教育主管部门要把党和政府的关怀、温暖送给每一位教师。一次暖心的看望，一封温暖的感谢信，一束美丽的鲜花，一次庄重的嘉奖都是对教师最好的慰问。营造浓浓的尊师重教氛围比任何"升学宴""谢师宴"都好。

谢师的宴请教师来拒绝，良好的新风学生来传承。"升学宴""谢师宴"盛行，其实给学生做了很不好的示范，让他们过早沾染了社会不良风气。拒绝"升学宴""谢师宴"，管住的是不良风气，但树起的却是社会的新风。如果我们为师者能拒绝宴请，维护好教师的良好形象，不仅有助于维护风清气正的校园之风，而且对学生是一种极好的潜移默化的影响。今日之学生，就是明日之公民。今日风清气正的校园之风，会成为他们明日走向社会的良好生活作风。因为有这样的风气，他们才能更好地做事、做人，不违规、不逾矩。如果我们能站在这样的高度看待这个问题，边鼓就不用常敲，老调就不用重弹了。

但愿谢师不必宴，老调不重弹，热点成过往，新风代代传。

（此文发表于 2018 年 6 月 15 日的《中国教育报》，收入本书时略有修改。）

每前进一小步，对家长和学生来说都是福音

学生课业负担有多重，由校外培训班的欢迎程度便可见一斑；家长有多焦虑，看看校外培训班便可知。破解学生下午三点半放学后做什么这一难题，真需要高层管理者认真思索，寻找好的解决策略。这期间，任何有利于学生和家长的探索实践，都值得肯定。

——题注

2017年11月19日，新华网一则《南昌为加强中小学生校外托管管理出台相关规定》的新闻，引起社会广泛关注。南昌市人民政府出台的《南昌市人民政府关于规范我市中小学生校外托管机构管理工作的通知》赢得了一片好评。该通知对校外托管机构的行业定位、校外托管机构的开办要求以及校外托管机构的监管职责等都做了非常明确的规定。这些要求、规定可量化、可检验，对照这份通知，中小学生校外托管的准入门槛一清二楚。家长、社会以及相关职能部门对照通知，对中小学生校外托管机构的监管一目了然。南昌市的这份通知，是对2017年上半年教育部出台的《教育部办公厅关于做好中小学生课后服务工作的指导意见》的具体化，是结合本区域实际细化指导意见的创新举措。虽然这份通知尚不能根本解决全社会普遍关注的"三点半难题"，但其对校外托管机构的准入资质、监管提出要求，为家长放心托管孩子以及创造一方更健康的环境提供了可能。虽然南昌市政府的这项举措，仅仅是为落实教育部有关指导意见迈出的一小步，但即使是这一小步，对家长和学生来说都是巨大的福音。

中小学和幼儿园学生每天下午三点半左右放学，家长却要五点左右才能下班。学生早放学，家长晚下班，在这段无法同步的时间里，孩子

怎么办?"三点半难题"使得校外托管机构应运而生。校外托管服务需求大,准入门槛却非常低,而且监管难度很大。这给了一些投机者可乘之机,从而造成了当前校外托管机构良莠不齐的现状。一些托管场地消防不达标、存在安全隐患;因为没有注册登记,很难对其进行监管;一些从事托管的人员,没有从业资格证、健康证等。因为缺乏相关明文规定,所以这些不会引起家长的关注。南昌市政府出台校外托管机构管理工作的通知,是对校外托管服务的一种规范,更是一种强有力的监管与行业引导,这对整顿校外托管服务是一剂良药。

规范校外托管机构是解决"三点半难题"的一个方面。有没有更有效解决这一问题的举措呢?我认为在各中小学设置"放心托管班"是一项更值得探索的创新举措。部分有托管需求的学生,放学后留在学校,或以班级为单位,或以年级为单位,由学校安排场所和教师,对其进行管理。地方政府采用购买服务、财政专项补贴的方式,对参与托管服务的学校、教师给予适当的补贴。这样一来,不仅能消除校外托管安全隐患,化解监管难题,还能减轻家长的经济负担。由学校负责托管,政府买单,家长再也不必支付高昂的托管费把孩子送到校外"托管班"了。这对于广大工薪阶层,尤其是进城务工人员来说,无疑是一个大福利。更为重要的是,由中小学承担托管服务,因为有场地、资源以及人员的优势,学校可以组织学生开展一些体艺类活动、观看优秀影视作品等,从而丰富托管期间的课余生活。

要彻底破解"三点半难题",我觉得我们应该从根源上寻找产生这一难题的原因。为什么有"三点半难题"?为什么校外托管机构如此受欢迎?追根溯源,是因为学生上学早、放学早,与家长上下班时间不同步。既然"三点半难题"是由学生放学早、家长下班晚造成的,那我们能不能让学生放学的时间与家长下班的时间同步起来呢?这样一来,不就没有"三点半难题"了吗?许多企事业单位的工作时间都是朝九晚五的,如果我们把中小学生上午到校时间调整为九点,下午放学时间推迟至五点,与家长上下班时间同步,不仅没有了"三点半难题",而且学生早上还能多睡一小时。中小学生睡眠不足的问题,也能迎刃而解了。这岂不是两全其美之事?

规范校外托管机构的管理工作,提高青少年宫在中小学生课后服务中的作用,依托社区为家长排解"托管难",免费开设"四点钟学校",诸如此类的创新举措，都是为了破解"三点半难题"以及落实《教育部办公厅关于做好中小学生课后服务工作的指导意见》而生的。可以这样说，我们每迈出的一小步，都是一种进步的表现，对于社会、家长以及广大中小学生来说都是福音。

（此文发表于 2017 年 11 月 22 日的《中国教育报》，原标题为《托管创新的每一小步都值得点赞》，收入本书时略有修改。）

学生、家长的诉求是教育不断完善的追求

中小学、幼儿园学生"三点半难题"似乎成了中国教育的难题之一，经常被讨论，却总找不到解决办法。在其他国家，学生也是这个时间放学。放学后，社区、青少年宫发挥着巨大的校外教育作用。目前，我们似乎还不能完全做到。那我们是否可以换个角度来思考这个问题：既然课后服务是由学生放学早、家长下班晚造成的，那么我们能不能让学生放学的时间与家长下班的时间同步起来呢？这样一来，不就没有所谓的课后服务这个问题了吗？

——题注

中小学、幼儿园学生每天下午三点半、四点放学，家长却要五点、五点半才能下班。学生早放学，家长晚下班，在这段无法同步的时间里，学生怎么办？家里有老人帮着照应的，还可以指望爷爷奶奶、外公外婆。但有相当一部分工薪阶层，因为无暇顾及孩子早放学的这段时间，无奈之下只能选择支付高昂的托管费，把孩子托付给社会培训机构。这就是当下为什么社会上的"托管班"会受欢迎的重要原因。

"三点半难题"其实并不是一个新话题，早在 2008 年就被广泛关注。为了破解这一难题，北京、上海、南京、济南等地几年前就已经在积极尝试，并出台政策，通过政府购买服务等方式为老百姓解困。教育部在前几年部分地区积极尝试的基础上，从满足学生、家长的诉求出发，出台了《教育部办公厅关于做好中小学生课后服务工作的指导意见》，要求全国各级地方教育行政部门积极作为，用政府购买服务、财政补贴的方式，利用学校在管理、人员、场地、资源等方面的优势，主动承担起学生课后服务的责任。该意见的出台，是教育改革向纵深化推进迈出的又一大步，是教育工作者

直面社会热点问题、不断追求自我完善的又一自我加压。

　　地方政府积极作为，可以极大地减轻家长的经济负担。如果地方教育主管部门，能采用政府购买服务、财政补贴等措施，对参与课后服务的学校、教师给予适当的补贴，那么家长就不用支付高昂的托管费把孩子送到校外"托管班"了。这对于广大工薪阶层，尤其是进城务工人员来说，无疑是一个大福利。广大中小学积极作为，参与学生课后服务，对中小学生的安全、教育等无疑是有百利而无一害的事。学生放学后，留在学校，由学校、教师管理，安全性远远比社会托管机构高。学生留在学校，在教师的组织下开展一些体育运动，有计划地安排观看优秀影视作品，及时完成一些家庭作业等，有利于学生的教育、成长与发展。对于家长、学生来说，以教育部的名义发文，意味着学生课后服务在全国大范围内全面实施。该意见的出台，无疑是 2017 年开春国家给家长送上的一个值得期待的"大礼包"。对于地方教育主管部门、学校、教师来说，该意见的出台无疑是一种自我完善和自我加压，是教育服务走向精细化的又一迈进。

　　当然，我们也要谨防意见在实施的过程中变味、变质。为了杜绝乱收费，为了杜绝挤占学生课后时间进行补课，当前我们都是采用一刀切的方式，严格执行相关要求，狠抓办学规范。现在有了教育部的意见以后，是不是可以向家长收取一定的课后服务管理费了？是不是可以借此进行集体补课，延长学生的学习时间，抓分数了？一个好政策出台之后，一定要谨防在实施过程中走样变形，一定要提防把"好经念歪了"的现象。学生课后服务问题，成为家长、社会与学校、教师的又一个矛盾点。

　　为什么中小学生课后服务会成为社会热点问题，引起教育部关注并出台相关的意见？我觉得，我们在关注如何解决的时候，是不是还可以从另外一个角度去思考这个问题：既然课后服务是因为学生放学早、家长下班晚造成的，那我们能不能让学生放学时间与家长下班时间同步起来呢？这样一来，不就没有所谓的课后服务这个问题了吗？许多企事业单位都是朝九晚五的，而中小学生则不同，他们早上的上学时间要早于家长的上班时间。教育部又严格规定中小学生在校时间不能超过 6 小时或者 7 小时。如果我们能把中小学生上午到校时间调整为 9 点，与家长上班时间同步，不仅没有了课后服务这一问题，而且长期以来大家关切的中小学生睡眠不足问题也能迎刃而解了。这真是两全其美之事。

　　（此文发表于 2017 年 3 月 8 日的《中国教育报》，收入本书时略有修改。）

家长陪读带给我们的思考

为了陪孩子读书，一些家庭夫妻长期两地分居；为了陪孩子读书，一些妈妈往往选择离职做全职太太，甚至充当孩子的保姆。"陪读"是一种无奈的选择，但为了孩子又不得不去面对。教育中的这些难题值得我们去思考、去解决。

——题注

家长陪读已经成为一种社会现象。从陪孩子读小学到陪孩子读大学，从国内陪读到远赴重洋的国外陪读，陪读现象一直存在。

相对来说，家长陪读现象更多地发生在孩子上初中、高中阶段。为什么家长陪读会成为一种社会现象呢？究其原因，不外乎以下几个方面。学校提供的住宿条件不如家长在外面租用的房子。学校提供的伙食不如家长做的饭菜好吃。学业负担重，早上上学早，傍晚放学迟，晚上还有晚自习，家长陪读，可以为孩子节约大量时间。这也是出于安全考虑。为了让孩子在高考冲刺阶段不分心，能考个好大学，家长陪读也是对孩子的一种有效监督与约束。说到底，还是学业负担以及教育体制等因素在起主要作用。

尽管教育投入不断加大，办学条件不断提高，但目前一些学校的住宿条件、伙食状况还不足以满足家长和学生的要求。一些学校的学生宿舍冬天冷、夏天热，连洗热水澡都不能保障。而且一些学校食堂的伙食是大锅饭菜，口味与质量难以满足处于发育阶段孩子的需求，再加上学校食堂就餐条件一般，家长不得不选择到学校周边租房子陪读。要大面积减少家长陪读现象，必须加大教育投入，加快改善初中、高中办学条件，大力提高寄宿制初中、高中的后勤服务水平。目前而言，如果寄宿制初中、高中的后勤服务，住宿、就餐条件能达到普通高校的水平，那么陪读现象会大大改变。

减负天天喊，课改年年改，但有些学校学生的负担却一年比一年重。一进入初中、高中，早上 6 点半到校，下午 5 点半离校，晚上还有晚自习，留给学生吃中饭、晚饭的时间很少。住校，食宿条件跟不上；走读，没有那么多时间。怎么办？家长只能选择在学校附近租房子陪读。要改变家长陪读这种现象，必须从根本上改变学生课业负担重，唯分数、唯知识学习的初高中教育现状。只有解放学生，还学生闲暇时光，家长陪读现象才能慢慢得以改变。

家长陪读现象在学生高中阶段最为常见。相对于高中而言，在初中阶段，家长陪读要少得多。为什么会这样呢？这与近几年国家大力推进均衡教育，小学升初中采取免试、就近入读对口初中的政策有关。经过近几年的努力，现在许多省市基本实现了学生小学毕业以后就近入读家附近的对口初中。因为学校离家近，即使学校要求早到校、晚放学，家长也能应对。因此，家长在学校附近租房陪读的现象自然要少一些。高中则完全不同。全国各地普通高中都是划分数档招生的，高中离家远，在城市和农村都较为普遍。离家几十公里，甚至上百公里，不住宿不现实。住宿的话，学校的食宿条件又不能满足需求。怎么办？家长只能选择租房子陪读。要彻底消除家长陪读现象，唯有将高中也纳入义务教育范畴，采用就近直升的办法。如果体制上尚不能尽快实现，那么唯有减轻学生的学业负担、学习压力，让学生有时间骑单车或者坐公交、地铁去上学。家长陪读现象为什么在初中、高中阶段比较多？我们为什么在职业高中附近见不到家长陪读？说到底，还是初中、高中阶段的升学压力大、学业负担重。因此，要破解家长陪读这一社会现象，的确还得从教育系统中寻找解决策略。

（此文写于 2017 年 1 月 25 日。）

让孩子学会"玩"

现在的孩子需要学会"玩"。幼升小测试卷、幼小衔接培训班受欢迎警示我们：童年，是生命的故乡；快乐，是童年的全部哲学。为了守护童年、呵护童心，我们应该高度重视这一现象背后的深层问题。

——题注

2017 年 7 月 11 日，据报道，某市多家书店都有相关幼升小测试卷和辅导书，而且卖得很好。看了这样的新闻报道，我感觉心里沉甸甸的。幼升小测试卷受欢迎的背后，带给我们很多思考。

幼升小测试卷受欢迎折射出的是有些家长对儿童成长发展规律的漠视。因为经常受邀给家长做家庭教育方面的指导，在和家长的接触中，我发现有些年轻父母关于家庭教育、儿童教育方面的知识几乎是一片空白。在养育孩子的过程中，缺乏学习，凭经验、随大流。其实，6 岁前的孩子养成良好的生活习惯、卫生习惯、文明礼貌习惯、爱劳动的习惯、爱惜物品的习惯远比背古诗、认字、数数等更重要。科学研究表明，人的成长有一个个特定的发展关键期，抓住教育的关键期，能事半功倍。其实，学会生活自理、进行劳动教育远比夺冠冲刺、识字数数重要得多。幼升小测试卷受欢迎折射出的是培养能力与获取知识之间的本末倒置，或者说有些家长做了学校该做的事，丢了家庭教育该做的事。

幼升小测试卷受欢迎的背后还有两个原因：一个是那些以此盈利的出版商，另一个是如雨后春笋般兴起的社会培训机构。曾有新闻报道，某民办小学在招收一年级新生时，出了许多入学测试题，以此来甄别家长和学龄儿童。有些出版商非常擅于捕捉商机，他们利用家长的焦虑心态、从众心理，编制出这些所谓的幼小衔接、夺冠冲刺的测试卷和辅导书。另外，比幼升小测试卷更受欢迎的是社会培训机构推出的各种幼小衔接培训班。这些培训机构抓住家长"不能让孩子输在起跑线上"的心理，宣传提早读写的优点，让家长送孩子去学 20 以内的加减法和进行识字、写字、拼音学习。其实，现在国家都在倡导"零起点"教学。也就是说，在一年级起始阶段，学校不会因为个别学生上过幼小衔接班而加快进度、拔高要求。另外，学校从小学一年级语文起步时，不再先教拼音，而是从生活中最常见的字入手，通过儿歌等进行教学，先识字后学拼音。学校会通过 1 个月左右的时间进行幼小衔接。所以家长根本没必要让孩子做这类测试卷、辅导书，上幼小衔接班。我们学校看到了这类乱象，从 2010 年起，每年 6 月初，就提前对一年级新生家长进行培训引导，消除家长的焦虑，指导家长进行幼小衔接的科学准备，有效避免了家长盲从的现象。因此，面对幼升小测试卷、幼小衔接培训班受欢迎的现象，义务教育阶段的小学，有责任和义务做些干预工作，给家长做些指导工作。如果考虑到暑假期间孩子没有人照顾，需要借助社会培训机构来帮助看管，我建议可以让孩子参加一些旨在提高身体素质、艺术素养的学习与培训。

21 世纪社会已经进入信息时代，"以知识为核心"已经向"以素养为核心"迈进。然而，还是有一些人的观念没有得到转变。幼升小测试卷、幼小衔接培训班受欢迎折射出的是对"知识为上"的迷恋。童年是人一生中最美好、最快乐的一段时光。幼升小测试卷、幼小衔接培训班受欢迎，从更深的层次来看是对孩子天性的忽视。美国作家尼尔·波兹曼很久以前就在他的著作《童年的消逝》中预言，随着社会文明的发展和信息技术的进步，孩子的童年会缩短、消逝。我们不能让这样的预言成真。现在有些孩子缺少"玩"，需要"玩"。为了不输在起跑线上，从上幼儿园开始，他们就开始背负起爸爸妈妈的期望。学琴棋书画，学说弹唱跳，学英语奥数，背国学经典，孩子们有时忙得无暇蹲下身来看看路边发芽的小草，无暇停下脚步闻闻芬芳的鲜花，无暇仰起头来望望闪烁的星星……为了分数，为了作业，他们有时没有时间养蚕，观察绿豆发芽；没有时间做手工，动手捏个泥人；没有时间做实验，进行科技作品制作……现在的孩子需要学会"玩"。幼升小测试卷、幼小衔接培训班受欢迎警示我们：童年，是生命的故乡；快乐，是童年的全部哲学。为了守护童年，呵护童心，我们应该高度重视这一现象背后的深层问题。

（此文发表于 2017 年 7 月 13 日的《中国教育报》，收入本书时略有修改。）

这个头脑奥林匹克活动不一般

　　滚动纸车、穿越飞行、爱心小发明、创意装置打靶、我心目中的"社区"创意设计大赛、纸绳拖重……这些好玩又极富创新的亲子活动的名字就特别吸引人。让社区、家庭在学习中创新，在竞技中学习，在娱乐中挑战，不仅增强了家长与孩子的沟通和交流，促进了家庭和谐，还改变了传统的学习方法。在科技游戏与体育运动中，家长、孩子增强了创新意识和学习能力。

——题注

　　2017 年 11 月 27 日，一则《改变传统学习方法，20 多万家庭比拼"头脑奥林匹克"》的新闻受到关注。原来，由上海多家单位联合举办的第九届头脑奥林匹克创新学习活动亲子擂台赛刚刚落幕。一听头脑奥林匹克，相信大家一定会马上想到"奥赛"。需要说明的是，此头脑奥林匹克并不是我们意识中的"奥赛"，虽然它也叫奥林匹克，但和"奥赛"一点关系也没有。由上海头脑奥林匹克协会、上海市金山区教育局等多家单位联合主办的"头脑奥林匹克"亲子擂台赛，通过开展滚动纸车、穿越飞行、爱心小发明、创意装置打靶、我心目中的"社区"创意设计大赛、纸绳拖重、托盘和超级服装秀等项目，让社区、家庭在学习中创新，在竞技中学习，在娱乐中挑战。这样不仅增强了家长与孩子的沟通和交流，促进了家庭和谐，还改变了传统的学习方法。在科技游戏与体育运动中，家长、孩子增强了创新意识和学习能力。

　　头脑奥林匹克竞赛，是一项旨在促进学生创新素养发展的科技创新活动。从兴起到现在，已经走过了 40 多年的历程。我们学校近几年连续4 届参加了这项竞赛的国内、国际比赛。它与近年来兴起的 STEAM 和创客教育很相似。这项竞赛考量的是学生的动手实践能力、天马行空的创意以及与他人的合作能力。它的关注点是学生的综合素养。上海头脑奥林匹克协会联合多家单位在全市范围内举办头脑奥林匹克创新学习活动亲子擂台赛，将创新能力与体育运动巧妙结合，又以家庭为单位将成人与孩子组合在一块，用亲子活动的方式推进。我们要为上海这项创意十足的创新举措点赞。头脑奥林匹克创新学习活动亲子擂台赛，为学生提供了一个健身健脑、加强动手实践能力和培养创新意识的平台。这项擂台赛极大地丰富了学生的校外生活。为它点赞的同时，我们也看到在丰富学生校外生活方面，社区、青少年活动中心等一些组织大有可为。头脑奥林匹克创新学习活动亲子擂台赛，也让我们看到只要我们肯动脑筋，肯想办法，完全可以引导学生远离电子产品，不沉溺于网络游戏等虚拟世界。头脑奥林匹克创新学习活动亲子擂台赛，调动了孩子和家长甚至是祖辈的积极性。亲子都参加，父母和孩子都受益，是很好的家校沟通机会。这样的活动，不仅增强了家长与孩子的沟通和交流，还有利于促进和谐家庭建设。最重要的是让邻里有了一个交流、沟通、交往的机会，让同一社区里的人犹如一个大家庭。

头脑奥林匹克创新学习活动亲子擂台赛，也让我想起了小时候经常参加的"趣味运动会"。教师为我们设计的 30 米趣味接力，既要跑步，又要过独木桥、算算术、钻呼啦圈等，让我们玩得不亦乐乎。除此之外，还有许多有趣的运动项目，不仅要手脚并用，还要手脑并用。反观现在一些学校的运动会、体育节，很多时候都只是少数人的运动会，大部分学生是坐在路边鼓掌的观众。上海头脑奥林匹克创新学习活动亲子擂台赛，吸引了 20 多万个家庭参加。这告诉我们，不仅要创新比赛、竞赛形式，还应该面向大众，给每一个人提供参与的机会。其实，学校、社区在开展类似活动时，完全可以换一种思路：重在参与，重在过程，淡化成绩与纪录，只要大家活跃起来，目的就达到了。

（此文发表于 2017 年 12 月 1 日的《中国教育报》，收入本书时略有修改。）

预防学生沉迷网络需要多方协同干预

2018 年 4 月，《教育部办公厅关于做好预防中小学生沉迷网络教育引导工作的紧急通知》发布。该通知下发前，约请了全国各地的多位专家、校长就这一问题畅谈体会。该通知下发时，将这些专家、校长的体会作为解读文章发表在教育部官网上，以期引导各中小学更好地做好预防中小学生沉迷网络的引导工作。本文是我就这一问题畅谈的体会。

——题注

分析一些沉迷网络的中小学生案例，我们会发现，其成因具有很多共性：或者是因为父母离异，缺少陪伴；或者是因为父母外出打工，孩子在隔代环境中成长，在无人照顾的环境中成长；或者是父母忙于工作，对孩子疏于管理；又或者是父母为了不让孩子影响自己，任其玩网络游戏，渐渐地发展成沉迷网络的学生。

据我了解，目前沉迷网络的中小学生在学校里虽然不甚普遍，但中小学生一旦沉迷网络或者网络成瘾，其危害较大。一些沉迷网络的学生厌学、逃学甚至违法犯罪。

防微杜渐，预防远比矫正重要

分析一些中小学生沉迷网络的案例，我们发现有些是家长无意识造成的。有些家长自己一有空闲，手机、平板电脑就不离手。孩子在很小的时候，还很淘气、顽皮，家长为了让孩子安静一会儿，不打扰自己，会用游戏来"管理"孩子。有些家长把玩网络游戏作为奖励、激励孩子的手段。面对这些不良方式，一些家长不以为然。

针对这些现象，为了让这类家长明白"小病不治、大病难医"的道理，我们非常重视幼小衔接，经常深入幼儿园，给家长宣讲"小学生沉迷网络"的典型案例。每年一年级新生入学报名结束后，从 6 月至次年 6 月，我们都要给一年级新生家长开展"家长学校十讲"的专题活动。这十讲当中，有许多引导家长重视电子产品和网络游戏危害防范的内容。我们经常用《扁鹊治病》的故事告诫家长，幼儿园里的孩子、低年级的小学生即便非常痴迷玩游戏，也很容易干预和矫正；而这种不良习惯一旦被带入小学高年级、初中，想要干预就困难了。沉迷网络想必是从一点点喜爱直至迷恋、沉迷的。我们用鲜活的案例和生动的讲述，让家长明白一个道理：如果我们不想将来做和网络抢孩子的无奈、后悔的家长，那么我们必须注意自己的陪伴方式和教育方式。从孩子上幼儿园、小学就开始对家长进行指导，把预防工作做在前面，这样就会减少矫正的苦恼。

充实生活，在孩子心间种一方金灿灿的稻田

有一些学生走上沉迷网络之路，还与其成长环境有关。有些家长忙于生计，无暇照顾孩子，为了方便与孩子联系，过早给孩子配了智能手机；有些家长把孩子交给爷爷奶奶、外公外婆照顾，隔代长辈对孩子溺爱，管教不严；有些家长外出打工，孩子成了留守儿童，用于与父母电话联系的智能手机，成了孩子闲暇时光的重要"伙伴"，孩子处于管教失控状态。

中小学生的内心世界，犹如一片广阔的田野。要让这片广阔的田野不长杂草，我认为最好的办法就是给他种上一片金灿灿的稻田，让杂草没地方生长。家长、学校、社会要加强沟通与合作，指导中小学生科学、合理、有意义地安排好闲暇时光。第一，用优秀的书籍、影视作品填补孩子空虚的内心世界。把《开讲啦》《中国诗词大会》《感动中国》以及其他优秀电视电影节目等作为课余的视听作业，用优秀的文学作品、影视作品为学生营造一方洁净的天地，润泽学生的心灵，充盈学生的内心世界，提高学生对网络游戏等的免疫力。我们学校一直把亲子影院、观看优秀电视节目作为一项工程，每周都会向学生、家长推荐作品，提供观看渠道，并收到了良好的效果。第二，走进自然，让闲暇时光多在户外度过。我们学校长期以来依托班级家委会，经常规划各班学生的周末亲子活动，把学生的周末引向大自然，把学生从校外培训班、家里拉出来。与大自然多打交道了，与伙伴们多聚在一起了，沉迷网络的自然就少了。

齐抓共管，减少沉迷网络的机会

为了预防中小学生沉迷网络，我认为要对网络游戏开发商加强管控，指导其研发有利于青少年身心健康的游戏；设计一些有时限管控的程序，对使用者、体验者做一个时间控制；采取网络游戏注册实名制等。这样才能从根源上杜绝中小学生沉迷网络的危害。

此外，建议设立由政府出资的公办的网瘾消解工读学校，对已经沉迷网络、不能自拔的中小学生采取积极干预。现在，有些中小学生一旦沉迷网络，家长会束手无策，无奈之下，只好把孩子送往一些非正规的网瘾训诫机构。我们应该成立相关工读学校，由专业人员对青少年进行沉迷网络的相关消解、引导、教育工作。

（此文 2018 年 4 月 24 日发表于教育部网站，收入本书时略有修改。）

学会做人是家庭教育的核心

家庭、学校和社会就好比支撑起孩子教育的三大支柱，缺一不可。然而，目前家庭教育存在的突出问题是重知识教育，成了学校教育的延伸，未担负起家庭教育本应该担负起的"成人"职责。我对家庭教育与学校教育的认识是，家庭负责"成人"，学校负责"成才"，两相结合，才能造就真正的"人才"。因此，我们要呼吁并指导家长做好家庭教育，变当下的学校教育的延伸为学校教育的补充，让家庭教育与学校教育成为孩子成长的两个"极"。

——题注

家庭、学校和社会就好比支撑起孩子教育的三大支柱，缺一不可。然而，在现实生活中，我们发现还是存在着一些误区。一提教育，仿佛那都是学校的事情，与家庭无关。所以，我们会在媒体上看到某学校为了教学生烧菜做饭，在校园里建起了少儿厨房、活力厨房的新闻报道。现在，社会上存在着学校教育过度和家庭教育缺位、缺失的现象。我认为，家庭应该担负起孩子成长、成人的责任，学校主要负责孩子成才。学会做人应该成为家庭教育的核心。

学会做人离不开家长的言传身教

良好的家风是孩子学会做人的基础。惠特曼说：有个天天向前走的孩子，他只要观看某一个东西，他就变成了那个东西，在当天或当天某个时候那个对象就成为他的一部分，或者继续许多年或一个个世纪连绵不已。所以，母亲言语温和、穿戴整洁，孩子说话一定也会轻声细语。父亲爱发脾气、爱抱怨，孩子一定也会暴躁地对待身边的人，一定也会挑剔地看待世界。一个好孩子一定是多方教育的成果，一个"问题孩子"究其根源一定能在家庭教育中找到原因。良好的家风始于家长的言传身教。家是最小国，国是千万家。家庭是构成社会的基本的组织。家风相连成民风，民风相融汇国风。家风好了，公民才能诚信友善，社会才能风清气正，民族才能兴旺发达，国家才能长治久安。因此，不论时代发生多大变化，不论生活格局发生多大变化，我们都要重视家庭建设，注重家庭、注重家教、注重家风。

学会做人要有强烈的规则意识

规则意识该如何养成？规则意识要从生活中的点点滴滴抓起。上完厕所要冲洗，过马路要走人行横道，物品使用结束后要放回原处，不向车窗外抛弃物品，丢弃牙签时先将其折成几段等，这些细小行为都是培养孩子规则意识的抓手。漂浮在海上的冰山，露在水面之上的只是冰山一角，更大的冰山在水面之下。自由与自觉就好比水面之上与水面之下的冰山。自由是建立在大家自觉的基础之上的。没有自觉，谈何自由？家庭教育能从小处着手，从小培养孩子的规则意识。有了这样的自觉做支撑，长大以后，他们就不会去做违背公德、违法乱纪的事情。因此，我认为教育孩子从小树立规则意识，应该成为家庭教育义不容辞的责任。如果孩子有了规则意识，学校就不用花力气天天教育孩子不要乱穿马路、上下楼梯要右行礼让了。

学会做人要从劳动教育抓起

当下，家庭教育最缺乏的是教会孩子自理。现在一些孩子每天忙着学琴棋书画、练说弹唱跳、背国学经典等，就是不会烧饭做菜、洗衣洒扫。这是一个严峻的问题。学校教育有两个不可动摇的目标和逻辑起点：大规模培养符合某种标准的人才、不断提高培养人才的效率。学校的特征(班级授课制)决定了它不可能包揽一个孩子成长、成人与成才的所有问题，因此家庭必须担负起孩子成长、成人中的教育责任。德国教育家福禄贝尔说：国家的命运与其说掌握在当权者的手中，倒不如说掌握在母亲的手中。他的话语充分说明了家庭教育在一个人成长过程中对于成人的重要影响。家庭教育的初始性、持久性以及施教者与受教者之间关系的亲密性，决定了它的重要意义。

养儿育女是一门学问，家庭教育是一门高深的艺术。好父母是学出来的，好孩子是教出来的，好习惯是养出来的。我们不是生来就会做父母的。我们做父母的时间就比孩子早 10 个月。我们一定要加强家庭教育相关知识的学习。我们一定要意识到，错位的家庭教育会贻误孩子一生，会给社会带来危害。

家庭教育、学校教育以及社会教育在人的成长中都是不可或缺的。我们不能把家庭应尽的教育责任全部推给学校。同时，家庭不能也不该成为孩子眼中的"第二个学校"，成为学业知识的"第二课堂"。这种缺位、越位的做法都是不当的。我们还要明白，除了这三方的教育之外，其实孩子的"自我教育"也是一个极其强大的支柱，而且这个隐形的支柱的作用随着孩子年龄的增加会越来越大。

（此文发表于 2015 年 5 月 22 日的《中国教育报》，收入本书时略有修改。）

走出陪孩子写作业的误区

有没有办法让家长告别焦虑，让孩子舒心、自由、自得其乐地完成家庭作业？答案是肯定的。那就是放手。放手了，解放的不仅是自己，更重要的是解放了孩子。

——题注

陪孩子写作业，要学会不焦躁

作为一名父亲，同时也是从事小学教育工作近 30 年的一名教师，我有一个真切感受：陪孩子写作业，家长基本上都会焦躁。我的孩子从小到大，都是身边朋友眼里的乖小孩，2018 年如愿考入了清华大学。但回忆起他的小学阶段，我好像也有一段"陪作业"经历。在教育工作中，我也发现，有一部分小学生的妈妈，在孩子入学时，年轻漂亮、气色特别好；6 年后，在孩子毕业时，脸上写满了养育子女的沧桑与艰辛。有些家长陪孩子写作业时，为什么会感到焦躁？恐怕有以下一些原因。第一，嫌弃孩子动作慢，写作业拖沓。有些家长在陪孩子写作业的时候，都是以自己的直观判断来衡量孩子写作业速度的快慢的。第二，抱怨孩子作业质量不好。有些家长在陪孩子写作业的过程中，容易焦躁的主要原因是觉得孩子不该错的地方做错了。第三，认为孩子不开窍。在孩子写作业的过程中，遇到孩子不懂、不会的问题时，有些家长往往用自己的理解、思维对孩子进行辅导。孩子一下子没有领悟，家长就会有点焦躁。第四，永不满足的心态。面对自家孩子，有些家长都会有一种"还可以做得更好"的心态。因为当老师、做校长，所以平常我会有很多机会和家长接触交流。我发现，有些长期陪孩子写作业的家长都比较心浮气躁。所以，家长要学会不焦躁。

陪孩子写作业，要经常换位思考

嫌孩子动作慢的我们能否试着做一回孩子，亲自握起笔也做一两次，切身感受一下完成全部作业大概需要多少时间。一般来说，孩子完成作业所需的时间，大约是成人的两倍。做家长的千万不要觉得孩子拖拉。即使孩子真的拖拉，家长也要通过观察找到孩子拖拉的原因，给予可行的方法指导，帮助孩子纠正拖拉的毛病。不可一味地抱怨、指责。另外，面对自家孩子，有些家长有不满足的心态。我们做家长的心中都装着一个"别人家的孩子"。这个"别人家的孩子"是抽象的、不具体的，是我们心中"十全十美"的理想型孩子的幻影，或者是只知其一、不知其二对"别人家的孩子"片面认识的"心理投射"。假设一下，如果允许我们交换一下，带"别人家的孩子"一段时间。走近了，在一起的时间长了之后，我们可能会发现"别人家的孩子"或许在某方面还不如自家的孩子。如果陪孩子写作业是做父母的一项职责，我们不妨经常进行这样的换位思考，或许就会少一些焦虑。

陪孩子写作业，相安无事的妙招

有没有更好的办法让家长告别焦虑，让孩子舒心、自由、自得其乐地完成家庭作业？第一，承担家长该承担的，放手家长该放手的。要和孩子约法三章，告诉孩子做作业是他的事，不是爸爸妈妈的事。爸爸妈妈签字可以，但不承担检查、校对的任务。从孩子入读小学一年级开始，就要把这样的观念告诉孩子，让孩子从小养成良好的写作业习惯。遇到需要听写、背诵等类型的作业时，可以让孩子借助现代化多媒体设备，自行完成。譬如听写生字词语时，可以让孩子利用手机录音软件。家长先把词语读一遍，并用录音功能录制好；然后一边播放，一边听写。第二，远离孩子的作业桌。孩子写作业时，家长靠得越近，孩子的问题越多。有些孩子没有养成良好的作业习惯，多数都是因为家长"过度干预"。有些坐在孩子桌边陪孩子写作业的家长往往会养成不停唠叨、反复干预的毛病，而这种毛病自己有时还意识不到。想要相安无事，最好的办法是孩子做作业时家长离得远远的，等孩子做好作业需要家长支持时，再走过去关心一下。

陪孩子写作业感到焦虑的多数是小学生的家长。等孩子上了初中、高中以后，有些家长突然不抱怨了。为什么？因为陪不了了。在小学阶段，孩子的作业相对来说还算简单，家长基本上会做、能辅导。当孩子进入初中、高中以后，学的有些内容家长不会了，家长介入的少了，自然也焦躁不起来了。因此，要想彻底消除家长自己的不良情绪体验，唯有放手。放手了，解放的不仅是家长自己，更重要的是解放了孩子。

（此文发表于 2019 年 7 月 24 日的《浙江教育报》，收入本书时略有修改。）

第五章　忧家校之信

为什么我的眼里常含泪水？
因为我对这土地爱得深沉……

——艾青《我爱这土地》

信，不欺、不疑为信。曾几何时，师生关系、家校关系水乳交融，情如鱼水。如今师生之间、家校之间，似乎已经出现信任危机。如何能够建立融洽信任的师生关系、家校关系是每位教育工作者需要思考的问题。

孩子受点伤，家长千万别小题大做

温室里培养不出参天大树。少年强则国强，少年弱则国弱。要让我们的孩子拥有健康的身体，我们必须给学校和教师松绑，让他们能放开手脚组织学生强身健体。家长朋友们，孩子受点伤，请您千万别小题大做。加强青少年体质健康教育，刻不容缓，需要大家一起为学校教育鼓与呼。

——题注

不知从何时起，体育课上，孩子在学校稍有一点磕磕碰碰，有些家长就会兴师动众，问责、追究、索赔。孩子跑步摔倒，膝盖擦破皮，有些家长要闹；同学间玩耍嬉戏，不小心头撞到了，起个包，有些家长要赔偿。如果遇到孩子的门牙被磕断了，有些家长会天天问责学校……

当前，全社会都意识到要提高学生的身体素质，要加强学生的健康教育，树立"健康第一"的理念。家长该如何支持学校开展健康教育？我觉得，孩子受点伤，家长不小题大做很重要。

家长要理解、包容

谁都不希望孩子受伤，但是群体生活、竞技运动怎么能保证一点意外都不发生呢？舌头和牙齿配合得如此和谐，偶尔还会被牙齿咬到呢。学生在一起打篮球、踢足球，磕磕碰碰是时有发生的。回想我们自己，也不都是在磕磕碰碰、跌跌撞撞中成长起来的吗？擦破点皮，磕出个包，学校和教师如果及时处置了，那我们就没必要小题大做。我们希望家长理解和包容的是偶然发生的意外受伤这类事。如果学校缺乏安全教育，发生伤害事故以后漠不关心，那追究、问责是理所应当的。

家长要转变观念

有些家长还有这样的观念：既要马儿跑，又要马儿不吃草；既希望孩子身体强壮，又怕孩子运动时受伤。我们下楼梯时不小心都会踩空台阶扭伤脚踝，走平路时不小心都会绊到东西摔倒。所以，运动时可能会有受伤的情况，家长要有这样的认识。另外，在运动和群体活动中受伤，我们要对孩子进行引导与教育。这使我想起这样一个情景：孩子因在家里被桌子绊倒摔疼而大哭不止，有些家长会边拍打桌腿、埋怨桌子，边哄孩子。这样的观念需要转变。

家长要走出误区

现在，有些学校和教师越来越害怕组织学生开展群体活动和竞技运动。为了防止意外，取消长跑、春游、秋游，不让学生在校园里奔跑。足球、篮球这类对抗性的运动更是不敢组织。因为孩子在学校受伤，有些家长认为学校必须担责。然而，学校不是无限责任公司，不应该承担所有责任。家长需要走出这样的认识误区。

温室里培养不出参天大树。少年强则国强，少年弱则国弱。要让我们的孩子拥有健康的身体，我们必须给学校和教师松绑，让他们能放开手脚组织学生强身健体。家长朋友们，孩子受点伤，请您千万别小题大做。加强青少年体质健康教育，刻不容缓，需要大家一起为学校教育鼓与呼。

（此文写于 2015 年 4 月。）

为教育营造一个健康的外部环境

为教育营造一个健康的舆论环境和社会环境迫在眉睫，出台针对家长非理性、不正确的干预教育和干预学校的行为的法律法规时不我待。

——题注

2013年，《人民教育》第一期刊登了《教育，如何应对这个多变的世界》一文。看后，我百感交集。

文章写道：在伊顿，每周的体育课时达23小时，基本每天都有半天在运动。学校设有足球、橄榄球、赛艇、田径、曲棍球、板球、野地游戏等8门必修体育课和27门选修体育课。其中，一些伊顿特有的运动，如"伊顿五人"、墙球赛、野地游戏赛等以勇猛、对抗强度大而著称。

看到这篇文章，我的脑海里马上浮现出几年前我亲身经历的一件事。那年春天，我们通过将近一个月的精心筹划，确定在4月10日组织全校师生到离校大约20千米的动物园游玩。可是不巧的是，出发时天下起了零星小雨。孩子们倒是一点不在乎，可送孩子们到学校的有些家长却不乐意了，要求取消春游。我们告诉家长我们都有应急预案。如果雨下大了，我们会选择应急预案。

为了组织这次春游，我们早早地规划、设计方案、报请上级批示、提前踩点、联系旅行社、天天关注当地的气象预报。更何况气象预报说当天的天气是多云转晴。我们怎料到出发时会下小雨？即使这样，我们也早有准备，为孩子们每人买了一件一次性雨衣。这么一点小雨，如果临时取消春游，孩子们会多么失望啊！

在组织学生上车的过程中，有个别学生淋到了几滴雨，我们担心他们会感冒。这边安排学生前往动物园，那边又安排餐饮公司为学生熬姜汤预防感冒。结果，等我们到达春游地点时，天放晴了。

孩子们开开心心地度过了一天，平平安安地返回了学校，被家长陆陆续续地接回了家。我认为，只要我们把工作做细、做到位，家长就一定会理解我们。

我之所以要如此细致地描述这个小故事，是希望通过这个小故事引发大家的思考。也许有人会说，家长不理解一定是因为学校前期工作做得不到位，一定是因为这些家长不信任学校。也许有人还会说，这是极个别家长的态度，相信绝大多数家长不会这样。

我相信，只要是从事学校管理的校长，看了我这个小故事，一定会感同身受。当前，一些家长对学校正常的教育教学的干预都是非理性、不正确、自相矛盾的。有些家长一听外地阴霾天气严重，马上要求我们也取消阳光体育运动、取消户外活动。有些家长既希望孩子身体强健，又希望每天放学回家时孩子衣着整洁、脸蛋清爽。有些家长既希望学校多组织活动和运动，又不能接受孩子摔倒、磕伤。

为教育营造一个健康的舆论环境、社会环境迫在眉睫，出台针对家长非理性、不正确的干预教育和干预学校的行为的法律法规时不我待。

（此文写于 2013 年 2 月。）

我们要加强学生的体质健康教育

全社会都要为加强青少年体质健康教育一起鼓与呼，并大力支持学校创新教育机制，广泛借鉴国内外好的做法。

——题注

2014年7月28日，第十二届全国学生运动会在上海开幕，学生的体质与健康问题引起了社会广泛关注。7月28日上午，教育部在上海召开新闻发布会，发布30年来学生的体质与健康变化情况。数据显示，我国学生的体质健康状况在持续26年下滑的情况下，近年来出现了积极的变化，大部分指标止跌回升，个别指标甚至出现了连续上升的势头。7月29日，《中国教育报》刊登了教育部原部长袁贵仁在全国学校体育工作座谈会上的讲话。他指出，要牢固树立"健康第一"的思想，深化教育综合改革，把体育摆在更加突出的位置，推动学校体育工作取得明显突破和学生体质健康水平得到明显提升。看到国家对学校体育工作的相关规定，作为一线教师，我感到特别欣喜。

这使我想起了以前参加的七年级新生军训开营仪式。上午八九点，烈日下也就三十二三摄氏度。短短二十多分钟，多个孩子感到身体不适。看到这场面，我感到忧心忡忡。我们的孩子现在的身体素质和吃苦耐劳的意志品质有点让人担忧。学校举行升旗仪式时，因身体不适要求坐下休息的一个接一个。另外，近视的孩子也越来越多。

从事一线教育的教师都有一个感受：现在需要对孩子加强体质健康教育。据教育部《国家学生体质健康标准》的测试统计分析，自1985年，我国青少年体质健康连续多年下滑，主要指标令人担忧，近年来大部分指标止跌回升，但视力不良检出率仍在不断攀升。作为一名基层校长，我很想去扭转这种现状，但时常感到心有余而力不足。来自社会、媒体、家长等多方面的压力，让我只能谨小慎微、诚惶诚恐。

一些家长的溺爱以及对学校工作的不当干涉，往往会使学校选择"因噎废食"的错误做法。孩子在体育课上跑步时摔倒、膝盖擦破了，尽管这是意外，而且谁都不希望发生，但往往就是这样的小事情，家长也会向学校提出无理要求。无奈之下，有些学校为了防止意外，就取消长跑、春游和秋游；为了防止意外，就不让学生在校园里奔跑。做教师的，当校长的，谁希望这样？我们要建立健全的学校安全事故处理机制，减少家长的不当干预、干涉，让教师、校长能放开手脚落实阳光体育一小时，加强学生的体能训练。

在上述的不当干涉情况下，青少年缺乏磨砺意志、挑战体能极限的机会。过度保护，让我们的孩子不会应对危机和危险；精心照顾，削弱了孩子的自理能力；单一的学业评价模式，让我们的孩子只会应付纸笔考试，其他能力被削弱。

全社会都要为加强青少年体质健康教育一起鼓与呼，并大力支持学校创新教育机制，广泛借鉴国内外好的做法。特别是媒体，要在这方面多做正面的引导与宣传。我们必须群策群力，构建起一套系统的舆论体系、教育机制、评价体系，让全社会都来关注青少年体质健康教育。只有这样，我们才能让我们的孩子拥有健康的身体。我们的孩子除了需要掌握应试和谋生技能之外，还需要在各种环境中形成求生和救人的能力。地震、水灾、火灾等灾难，他们都可能会碰上。我们需要加强学生的体质健康教育。

（此文写于 2014 年 8 月。）

监控永远跑不赢信任

监控永远跑不赢信任。只信监控不信教师，肯定不是长久之计，更不是万全之策。与其多花钱装监控，不如努力重构社会、家长对学校的信任体系。

——题注

课间，某学校的学生小军跑出教室时，不小心在教室门口摔了一跤。事情发生后，家长到学校查找孩子摔跤的原因时，孩子不确定地说：好像有人在后面推了他一下。孩子这么一说，事情就复杂了。家长非要学校查出是谁推了他的孩子，要求看监控。学校所有楼道、户外活动场所都装了监控。因为教室是师生学习的场所，装监控对师生的负面影响太大，所以当初学校没有给教室安装监控。家长紧紧抓住没有监控谁也说不清楚这一点，对学校不依不饶，要求赔偿。班主任在再三核实事情的前后经过后，确认没有人推小军。家长说："谁的话我都不相信！既然没有监控，我只能相信我儿子说的。"

"谁的话我都不相信！"不知从何时起，孩子在学校发生安全事故后，有些家长往往情绪很激动，为了维权和保护孩子，容易不冷静，并对学校和教师持不信任的态度。

监控本来是用来防盗或防止其他违法犯罪行为的，现在它却可以作为处理家校矛盾和纠纷的依据。这折射出的深层问题，其实是信任危机。为什么会产生这样的信任危机？原因是多方面的。这样的信任危机，不仅值得教育工作者、管理者深思，更值得全社会深思。当前，为什么有些学校和教师感到教育工作越来越难做？为什么有些教师不愿做班主任？其中很重要的一个原因就是现在有些家长对学校和教师的信任度不高，家校之间理解、支持、包容的教育生态环境需要改善。

监控永远跑不赢信任。只信监控不信教师，肯定不是长久之计，更不是万全之策。世界这么大，监控不可能做到全方位。全国各地的学校那么多，如果要让学校全部都在摄像头之下，那该是多么大的一笔开支啊！更何况如果把有限的教育经费都用于安装监控，这是欠妥的。

既然监控永远跑不赢信任，我们就应该努力维护、建构好社会、家长对学校的信任体系，并不断强化家校之间的这种信任。教育主管部门、学校要高度重视家校之间不信任事件的"破窗效应"。一旦发生瓦解信任体系的危机事件，一定要高度重视。为什么"好事不出门，坏事传千里"？主要原因在于我们对教育系统中正面的、积极的、充满正能量的人与事宣传不够。重建信任体系，需要教育主管部门、学校借助各种媒体平台多宣传。现在全国各地许多学校都在使用微信公众平台等。我们应该充分发挥这些平台的正面效应，多向社会传播家校之间相互信任的典型事例。与此同时，我们要积极引导学生、家长，让他们现身说法，讲述家校之间的相互信任、支持、包容的事例，用大量事实证明家校之间的矛盾、纠纷以及不信任毕竟是少数，彻底扭转"以偏概全"的错误视听，让不信任的心态没有生长的土壤。

监控永远跑不赢信任。与其多花钱装监控，不如努力重构社会、家长对学校的信任体系。

（此文发表于 2017 年 8 月 23 日的《中国教育报》，收入本书时略有修改。）

出台"学校法"刻不容缓

学校不可能也不应该承担安全事故的一切责任，更不能承担一些发生在校外、和学校毫不相干的安全事故的责任。当前，我们国家缺乏"学校法"等重要法律。学校与教师之间、学校与政府部门之间、学校与学生之间都存在法律的模糊或空白地带。学校承担责任应该是依法、有序的，不应该是无序、无理的。因此，制定和出台"学校法"刻不容缓。

——题注

2015 年，某校一名 19 岁的大一学生在一场事故中不幸遇难，师生都十分悲痛。事后，遇难学生家长找学校"要说法"。此事以该校向遇难学生家庭支付了一笔人道主义抚慰金而告终。

无独有偶，2015 年国庆节，发生了一起学生骑自行车溺亡的事故。事故发生后，家长先怪交警。后来，交警找来监控，回放录像后，证实孩子是自己不小心掉到河里的。最后，家长又把责任推给学校……

这种学校承担安全事故的一切责任的事情偶尔还会发生。

教育部 2002 年出台了《学生伤害事故处理办法》，规定了在学生伤害事故中学校应当依法承担相应责任的 12 种情形，以及学生或者未成年学生监护人由于过错造成学生伤害事故的 5 种情形等。但在现实生活中，有些家长不愿意采用这个办法。

全面推进依法治国，是实现国家治理体系和治理能力现代化的必由之路，是实现中华民族伟大复兴中国梦的必由之路。教育作为社会的重要组成部分，依法治校、依法治教是深化改革、推动发展、化解矛盾的基石，是构建和谐育人环境的保障。

学校不可能也不应该承担安全事故的一切责任，更不能承担一些发生在校外、和学校毫不相干的安全事故的责任。当前，我们国家缺乏"学校法"等重要法律。学校与教师之间、学校与政府部门之间、学校与学生之间都存在法律的模糊或空白地带。学校承担责任应该是依法、有序的，不应该是无序、无理的。因此，制定和出台"学校法"刻不容缓。

（此文写于 2015 年 3 月。）

《意见》托底，严禁"校闹"

> 《教育部等五部门关于完善安全事故处理机制 维护学校教育教学秩序的意见》明确将殴打他人、故意伤害他人或者故意损毁公共财物等八类行为界定为"校闹"，并提出相应治理措施。该意见为学校办学安全托底，为教师静心教书、潜心育人保驾护航。
>
> ——题注

2019年6月25日，《教育部等五部门关于完善安全事故处理机制 维护学校教育教学秩序的意见》(简称《意见》)发布，明确将殴打他人、故意伤害他人或者故意损毁公共财物等八类行为界定为"校闹"，并提出相应治理措施。这对时常担忧"校闹"的校长和教师来说，无疑是一个大利好。《意见》为学校办学安全托底，为教师静心教书、潜心育人保驾护航。

《意见》的出台是法治中国不断进步的一个注解。近年来，"校闹"成为一种社会现象。有些家长动不动就闹学校。一旦学生在学校发生伤害事故，不管学校有没有责任，有些家长首选的解决问题的方式就是"闹"。更有甚者，教师怀孕生产，学校更换教师这样正常的管理工作，家长也会号召全班学生家长与学校"交涉"。"校闹"成本低以及"校闹"屡屡成功，助长了这些家长选择非理性途径解决问题的行为。《意见》的出台，为家长、学校指明了理性解决问题的方向。有责任，不闹也赔，责任不推诿；无责任，闹也不赔，理直气壮治"校闹"。《意见》的出台，是法治中国的深化，是依法治国在教育领域的切实体现。

《意见》的出台是指导家校合作的保障。为了避免"校闹"，同时也为了避免和家长发生矛盾，现在许多学校和教师纷纷采用如下的策略。为了避免学生运动中受伤，学校取消长跑、取消对抗性的运动项目；为了预防安全事故，取消春、秋游，取消社会实践；为了防止意外伤害事故，禁止学生楼道奔跑，课间不准学生嬉戏玩闹。该管的学生不敢管、不敢问，该开展的活动也不敢开展。这种小心翼翼、如履薄冰式的学校教育、管理，到头来吃亏的是孩子。《意见》的出台，向全社会传递了一个信号：为了孩子，我们必须支持学校和教师开展正常的学校管理和教育教学；为了孩子，家长必须守规矩、知法守法，再也不能任性。《意见》向全社会传递了一个信息：如果再不给学校和教师"撑腰"，教育作为中华民族伟大复兴的基础工程根基就会动摇。遇到问题不能闹，家校合作是正道。当然，学校、教师也要明白，《意见》在为办学安全托底，为教师"撑腰"的同时，其实也对学校和教师提出了更高的要求，要求学校和教师在学校管理、教育教学中依法治校、依法从教。

《意见》的出台是尊师重教的一项有力举措。对于广大教师来说，为其营造一个良好的教育生态环境，让他们能不焦虑、舒心地从教，比什么都重要。《意见》的出台，对于广大教育工作者来说，无疑是教师节前的一个"大礼包"，这是国家向全社会吹响的"尊师重教"的一个号角。

全面推进依法治国，是实现国家治理体系和治理能力现代化的必由之路，是实现中华民族伟大复兴中国梦的必由之路。依法治校、依法从教是深化改革、推动发展、化解矛盾的基石，是构建和谐育人环境的保障。希望《意见》的出台，能助推教育良好生态环境的构建。

（此文写于 2019 年 8 月 27 日。）

家校关系中三对矛盾的协调

为什么现如今家校之间有一些矛盾和冲突？因为家长对教育寄予了太大的希望，学校教育承载了难以承载的东西，所以家校之间的关系才变得如此复杂。

——题注

有这样一幅漫画，地上画着一个大大的数字"6"，数字上下两头各站着一个人，正吵得不可开交：一个说是"6"，另一个说是"9"。这幅漫画想表达的意思，大家一看就明白：站在不同的角度看事物，会产生截然不同的结论。用这幅漫画来说明家校之间的一些矛盾特别贴切。

近年来，家长与教师、家长与学校之间产生了一些矛盾冲突。这种矛盾冲突不仅有愈演愈烈的趋势，而且还有难以调和的态势。有些矛盾冲突，主要是有些家长过度维权所致的。譬如任课教师怀孕生产，学校进行正常的任课教师变动，个别家长鼓动班级其他家长用罢课等方式干涉学校的正常工作。还有些矛盾冲突，是一些家长情绪过激、法律意识淡薄所致。譬如冲进教室、教师办公室等场所，与教师发生冲突。2019年，《教育部等五部门关于完善安全事故处理机制 维护学校教育教学秩序的意见》发布，以文件形式明确制止"校闹"，维护学校的教育教学秩序。为什么家长与教师、家长与学校之间会产生一些矛盾冲突？从我多年的一线学校工作经验来看，主要是对三对关系的认识存在差异导致矛盾不断发生。

第一是对自然人与社会人关系的认识差异。我们都知道一个呱呱坠地的婴儿从孩童长大成人，是一个自然人向社会人不断发展的过程。这是一个基本常识。然而，在孩子的成长过程中，有一些家长或许是因为溺爱，或许是因为错误的育儿理念，或许是无暇顾及等诸多因素，会与学校在教育理念上发生冲突。譬如孩子不能遵守小学生日常行为规范，在群体活动中不能很好地与他人相处，行为举止对班集体产生负面影响，甚至有的时候不断触碰底线。在这个时候，教师一定会对其进行教育。有的时候，说不定教师还会对其进行一些惩罚。有些家长相信"树大自然直"，认为纪律、规则、底线这些条条框框限制了孩子的自由，是对孩子天性的遏制。这些家长往往会忽视孩子的问题，把目光聚焦在教师教育方式的正确与否上。于是，矛盾与冲突就产生了。这一类矛盾与冲突，绝大部分是由家长造成的。

第二是对个性发展与全面发展关系的认识差异。十根手指有长有短，各有各的长相，各有各的作用。芸芸众生就如我们一双手的十根手指。说起来，对于教育心理学家霍华德·加德纳的多元智能理论，教师都认同。但面对数十名学生时，有些教师会忘记学生是千差万别的不同个体。他们在教育教学过程中不希望学生偏科，尤其面对个别学生对自己任教的学科没有兴趣、成绩不好的时候，有时候会无法接受现实。还有的教师总是理想化地追求自己任教的班级不能有后进生，不能有人掉队，期望每位学生都一教就会、一讲就通。特别是一些从事基础教育的教师，总觉得中小学是打基础的阶段，学生最好能全面发展，以后再慢慢培养个性。凡有此种种观念的教师，很容易与部分希望孩子朝着个性发展的家长之间产生矛盾与冲突。我将这类矛盾与冲突归结为对个性发展与全面发展关系的认识差异。这类矛盾与冲突，如果要追根溯源，恐怕教师需要多反思。

第三是对人才与大众关系的认识差异。如果说，我们的教育有问题，那么问题可能出在我们整个社会对孩子过于强调远大理想的引导。长期以来，有些家长形成了这样一种观念：好像所有的孩子经过教育都能成为国之栋梁、社会人才。他们对教育抱有极大的幻想。从把孩子送进幼儿园开始，他们就幻想着孩子是能考上好大学的，将来是能做"人上人"的。但是有些家长满怀希望把孩子送进学校，在一次次打击中，由希望变成失望。因为孩子没有成为他所期望的那样，这些家长就会迁怒于学校和教师。我把这种矛盾与冲突归结为对人才与大众关系的认识差异。其实，就整个社会而言，绝大多数人都只是普通民众，人才毕竟是凤毛麟角。我们应该大力引导家长树立"把孩子培养成一名合格的普通建设者就是成功"的观念。由于存在着对人才与大众关系的认识差异，家长与教师、家长与学校会产生矛盾与冲突。这个矛盾与冲突如果要归因，我觉得主要成因在社会。

面对家长与教师、家长与学校之间的矛盾与冲突，如果我们能平心静气地做一些深层次的条分缕析，找到产生矛盾与冲突的成因，让双方看到矛盾与冲突的背后只是认识上的角度问题，不要把认知冲突上升为情感冲突。从源头上化解认知差异，就能更好地构建和谐的家校关系。如果矛盾与冲突是第一对认知差异造成的，我们可以用"冰山理论"引导家长，让家长知道露在水面上的只是冰山的一角，水面下才是冰山的十分之九。同样的道理，"自由"好比水面之上的冰山，支撑它是水面下的"自觉""自律"。没有规则、准则的自由，不叫自由，叫任性。在自然人向社会人发展的过程中，必要的教育是需要的。如果矛盾与冲突是第二对认知差异造成的，作为教育工作者的我们，要多做反思。反思我们在教育教学中，是否为了所谓的步调一致，为了所谓的集体荣誉，牺牲了学生的个性发展。我们要反思学校管理，是否为了管理方便和组织方便，忽视了学生的个性需求。我们要反思，我们是否真正地关注了学生发展的核心素养，是否关注了学生创新能力的培养，是否关注了学生思辨力的培养，是否关注了学生独立人格的塑造。我们要反思，为什么天才少年如此寥落。如果矛盾与冲突是第三对认知差异造成的，我们要努力引导全社会形成"人尽其才""适合的才是最好的"这样的共识。我们要让全社会认识到读职业高中与读普通高中都是成长的路径，没有孰优孰劣。我们要不断完善教育体制与机制，转变教育观念，把立德树人作为教育的根本任务，把培养合格的社会主义建设者和接班人作为共同使命。我们要转变全社会的用人观、人才观以及职业认同理念。

历史上，没有任何一个时期的家长与教师、家长与学校之间的关系像现在这样会引发全社会的思考。家校之间一定远不止这样三对矛盾，克服这三对矛盾的复杂程度一定远比我阐述的艰难许多。我之所以选择这个话题做一些讨论，目的就是希望大家能够透过现象看本质，去探寻家校矛盾背后的成因。

为什么没有任何一个时期的家校关系像今天这样复杂？为什么现如今家校之间有一些矛盾与冲突？因为家长对教育寄予了太大的希望，学校教育承载了一些难以承载的东西，所以家校之间的关系才变得如此复杂。

（此文写于 2020 年 2 月 27 日。）

附录　记者眼中的罗树庚

学校，一个好玩又充满有趣体验的"树洞"

《时代教育》杂志社记者　周春伦

一张照片所揭示的

6 月正是毕业季。

一天，罗树庚指着微信朋友圈里优秀毕业生的照片，对儿子说："爸爸作为一位教师，对这些照片不太满意。你看这些孩子，脸上大多没有表情。再看看国外照片里的一些同龄孩子，个个神采飞扬，充满朝气。"

他把这种现象归因于当前本末倒置的、错位的教育。理想的教育应当是，小学是快乐的，初中是勤奋的，高中是刻苦的，大学才是寒窗苦读的。而当下，我们的教育却错了一个位，把童年的快乐挪到大学去了。"爱玩是孩子的天性，玩是所有孩子的本能。"他说，"可是，现在一些孩子在童年时没有玩耍的时间，他们太缺少玩，太需要玩了。"

然而，社会大众可能会轻易地将玩和学习对立起来。其实这是对孩子的误解。学习是生命的本能。因为生命一旦降生，都必须谋求生存和发展，就要努力去认识陌生的外部世界。而这样的认识活动，就是学习。孩子年幼时，主要就是通过玩去认识和适应世界的。从这个角度上看，玩才是孩子最喜闻乐见的学习方式，且是孩子的第一份学习。

现在的孩子还会玩吗？

罗树庚发现，除了电子游戏外，现在有些孩子已经找不到别的游戏方式，不知道如何打发不多的空闲时间。而孩子一旦闲下来，家长又心焦难耐。高速度的现代生活，已经逼迫得人丢掉了从容。

他回想起自己的童年生活，相比之下，那真是太令人回味了。

罗树庚的家在浙西衢州大山深处，正是南宋诗人曾几诗中所描绘的地方："梅子黄时日日晴，小溪泛尽却山行。绿荫不减来时路，添得黄鹂四五声。"这是一个"很农村的农村"。大概每一个从农村走出来的孩子都有一些共同的美好记忆。一群小伙伴野孩子似的，上蹿下跳。漫山遍野生机盎然，连阳光都是透亮透亮的，让人回想起来会忍不住哼起歌。大自然的灵气造就了罗树庚的独立性格、创造能力，以及好的动手能力。更重要的是，他说，这种无忧无虑的生活，造就了他积极向上的乐观心态。这就好比在心中种下了一个好的"因"，自然会吸引来更多善的"缘"。

反观现在一些被各种压力束缚的孩子，他们已经忙得无暇蹲下身来看看路边的小草是怎么发芽，或者玩玩泥巴，养养蚕。装修考究的家里，也容不得他们捣鼓得乱七八糟。因此，罗树庚一心想办一所能让孩子享有快乐童年的幸福校园。何为幸福？就是"让身处其中的每一个孩子都拥有快乐童年"。至简，至诚。

一位校长带给一所学校的

浙江省宁波市，一个素有"书藏古今，港通天下"之美誉的地方。

我们到来的这天，正值江南入梅，前兆性的阴雨已经淅淅沥沥下了几天，空气潮湿难耐。目之所及，植被都蒸腾着雾气，绿意葱茏，欲上人衣来。

宁波国家高新区实验学校位于宁波市新城区，和这个冉冉向上的城市一样，还很年轻。来这里之前，我们就听说，这是一所"校内不撑伞"的学校：四米宽的连廊将学校建筑整个串联在一起，孩子可以通过它到达各个功能室上课学习。

这是校长罗树庚一手设计的。言语间，他很庆幸自己能从校园筹建开始，便全程参与学校的建设和发展。

目光所到之处，学校各个角落的文化布置看似朴素，但都经过精心思考：入校的通道，校内的孔子塑像，书本状的小石凳，刻有百家姓、成语故事的石板路面……学校建筑群的分布更耐人寻味，从高空往下看，整个呈"E"字造型，暗含着罗树庚从教几十年来对教育本质的深刻认识——尊重(Esteem)、启发(Enlightenment)、体验(Experience)、活力(Energy)、享受(Enjoyment)。

罗树庚对这所学校的影响，就像父亲对年幼孩子的影响。

他将自己酷爱阅读的特征带给了这所学校。他说，书籍是思想生发的土壤，一个人如果能将自己的时间消逝在字里行间的波浪线里，流淌在随性写就的只言片语中，他的心灵一定会慢慢变得温润柔软。为了能在孩子幼小的心田里种一片金灿灿的稻田，让孩子在幼小的童年时光里就打下坚实的文化底子，罗树庚亲自为全校孩子设计了精美的《走遍天下书为友——阅读成长手册》。每一个年级，都有相应的阅读推荐书目，内容广泛，涵盖古今中外的经典名著、绘本以及科普读物等。主题性阅读已经课程化。学校关于阅读的趣味评比活动也层出不穷："诵读达人""故事大王""书香学子""书香家庭"，每一个称号背后都暗含着学校对孩子和家长的鼓励和期许。他说："快乐童年里有优秀文化的滋养，孩子们的人生根基才能扎得稳、经得起风雨，苗才能长得壮、健康向上。"

除了阅读外，学校的各类活动也极其丰富：春有艺术节，夏有实践节，秋有体育节，冬有科技节。每到周末，宁波国家高新区实验学校门口都有一道耀眼的风景：一长队整装待发的大巴，等候着家长和欢呼雀跃的孩子——作为校内活动的延伸，亲子户外活动是每个班级每学期都会组织开展的。罗树庚希望以此让孩子多接触大自然，弥补城市生活的缺陷，也让一些独生子女走入群体。此外，学校的趣味性作文课堂、英语绘本课、数学自主课堂等探索与实践，都是为了孩子的个性成长和有个好玩的快乐童年。

和我们见面这天，罗树庚刚上完一堂课，匆匆忙忙赶回办公室，笑着招呼我们。这些年来，虽然角色在不停转变，但他心里对自己的身份认同并没有改变。教师这两个字的分量很重，一位优秀的校长必须先是一位优秀的教师，这也是为什么他始终没有离开课堂，没有离开教学岗位。

他的办公室门口，摆放着一块小黑板，黑板上用粉笔工整书写着一首诗。当我们问他这是做什么用的时，他哈哈一笑："它的作用，到中午你就知道了。"

如何弥补寄宿制学校的苍白？

还孩子一个快乐童年，也许是罗树庚从教 30 多年的一个最终落脚点。早在 20 多年前，刚走上教学岗位不久的他，就表现出对学生成长状态的关注。

1997 年 8 月，罗树庚从公办学校调入一所全寄宿民办学校任教。初来乍到，他感到很不适应。校园并不大，但它却是学生的全部。每天 24 小时，被循环往复的铃声支配，吃、穿、住、行、学习都是统一模式。连续在校学习 11 天之后，孩子们才得以放假一次，由校车或家长接回家中休息 3 天。过于整齐划一的学习、生活安排使得一些孩子的个性得不到张扬、眼界狭窄。长此以往，个个变得像一只只顺从的小绵羊。童年的快乐更是成了一种奢望。有过住校经历的人都熟知，在此类学校，数量极少的走读生几乎是所有外界信息的来源。因此，他们很容易成为班里的焦点，迎接所有人好奇的打探。

他对这种状态感到恐慌。八岁左右年纪的他们，本该是无拘无束、多姿多彩的，却在这个空间里眼界慢慢变得狭窄。起先，这只是他的一种直觉，后来在一次和外面的公办走读学校的联考中，作为语文教师的他才真正意识到问题的严重性。

在批阅试卷的过程中，他发现全寄宿的孩子习作素材相当贫乏，思维也远没有走读学生活跃。他开始焦虑了，迫切觉得自己需要做点什么。恰巧在这个时候，全国新一轮课程改革启动，犹如一股东风，罗树庚搭上了顺风车，他乐坏了，于是开始认真思考接下来要做的事情。

最终，他决定从习作入手，先解决孩子因单调生活而产生的厌学情态，并改善孩子习作素材匮乏的状况。开展综合实践活动，是他尝试的开始。

罗树庚和孩子们一起从校内小调查开始，选择一些有趣、易操作且有启发性的话题，设计综合实践活动方案，讨论如何分组展开，如何记录、整理调查结果，如何进行成果展示。在那段时间，利用课余时间，他们尝试了很多："学校一个月用水、用电情况调查""浪费粮食情况调查"等。这些活动就像投入水面的一粒石子，给孩子们的生活激起了层层涟漪。校园里到处都可见他们的影子，这里一组，那里一组，拿着本子、笔，有模有样地在调查、采访。他形容那时的自己和孩子，像突然"玩疯了"似的。罗树庚发现，有了这些活动，孩子们的学习和精神状态明显比以前好了，原本萎靡不振的样子不见了。

慢慢地，他开始把综合实践活动由校内引向校外。在孩子放假回家的三天时间，他不再布置家庭作业，代之以调查性任务：大家自己组队，围绕话题，上街采访、找资料、拍照片，回学校后，给大家做分享。从 2001 年开始，每月一个调查专题成为罗树庚的课堂常态。他带领孩子们先后做的"一次性筷子该不该禁止?""生活中人们是如何处理废电池的?""小学生为什么迷恋水浒卡、三国卡?"等调查,均是与生活息息相关的。在做完一次性筷子使用情况调查之后,学生史天雨在作文中写道:"今年3月的特大沙尘暴,已经席卷我国8个省、自治区、直辖市的140万平方千米的土地。这是多么可怕的信息……"孩子们习作兴趣的提高和习作素材的丰富是可喜的,但更重要的是,他们开始将目光由书本投向更宽广的生活领域,学会记录,学会思考。

罗树庚也在一边实践,一边总结。在《让寄宿学生"活"起来》一文中,他提出了一系列建议,用以丰富全寄宿学校学生的生活。比如,充分发挥各类信息渠道的作用,每天录制一些国内外、地方新闻和文化节目,组织学生观看;利用学校的边边角角,为学生开辟小动物园、小植物园,供学生饲养、种植;把全校教师各自的特长利用起来,开设兴趣班,举办活动,为单调的寄宿生活润润色。

在《"周围世界"是综合实践之源》一文中,他又提出亲近自然是儿童的天性,号召学校开发利用自然环境资源,开展综合性学习活动等。他的很多想法,已成为目前学校教学活动的常态,但在当时颇有些振聋发聩之效。

玩中写,写中玩

这些起初的尝试,实际成为罗树庚"情趣作文"研究的开端。

开展综合实践活动毕竟受到一些条件的限制,师生需要投入相当多的时间和精力,无法每个星期都开展。德国哲学家格鲁斯的一句话"整个儿童时期就是一个特殊的游戏期",给了苦苦思索中的他启发。既然爱玩是孩子的天性,何不把"玩"引进课堂,用"玩"来激发孩子们习作的热情和兴趣呢?

罗树庚开始尝试将一些用时短、器材少、对场地要求不高的游戏活动引进入习作课,并尝试着用15分钟至20分钟的时间组织学生游戏,然后用20分钟左右的时间进行当堂习作练习。游戏的内容丰富多彩:体育类的踩气球、掰手腕、盲人坐凳、贴鼻子;生活类的钉纽扣、削苹果、扎辫子;知识类的看表演猜俗语、神奇的莫比乌斯带、成语竞猜、谜语会、巧填古诗词;魔术类的变钱、空碗变水、剪不开的绳子。

再后来,罗树庚将一些具有探究性的科学实验引入课堂,如纸片托水，"电话"传情，纸船烧水，蜡烛也坐跷跷板，吹不灭的蜡烛以及筷子提米等。这些实验不但激发了孩子的好奇心、想象力和探索精神，也在一定程度上弥补了中国小学科学教育的空白。

这一下，罗树庚的作文课几乎成了学生最期待的课。每一堂课，都在大家的好奇中开始，尽兴中结束，大家玩得不亦乐乎。就这样，从"兴趣"入手，罗树庚实现了第一个目标：让孩子们不怕作文。接下来的一步更为关键。当学生不怕作文，也不再为写什么而发愁的时候，其写作状态自然会从"写什么"转向"怎么写"。罗树庚用了一个比喻：就像吃不饱、穿不暖的时候，人们想得最多的是解决温饱问题；等吃饱了、穿暖了，人自然会走向更高的需求——精神的需求和审美的需求。因此，教师不仅要懂得怎样组织游戏，更重要的是如何引导学生将所玩、所感用语言表达出来，让"玩"不仅仅停留在"玩"的层面。

因此，在游戏和实验的过程中，罗树庚会不时提醒孩子注意观察整个实验过程、教师身体的姿态、脸上的神情以及周围同学的反应，并鼓励孩子进行口头描述，还不失时机地点拨：语言是否准确？条理是否清晰？叙述是否生动形象？思维是否严密、有逻辑？在每一堂课，他都在想方设法不露痕迹地提高孩子的语言表达能力。

情趣作文的教学过程落在"趣"上，重在"情"上，追求个性的真切、情感的真诚、表达的真实。经过这样的引导，孩子们的表达能力有很大提高。他们逐渐能够条理清晰地叙述事情，生动地展现细节，更能准确地表达自己的内心情感。习作也因此有声有色，可读性高。比如，"巧笔写密信"实验结束之后，学生范骋在文章《我成了"特务"》中描述教师的动作：郑老师先把葱白放入铁碗，然后用铁勺使劲地碾压葱白。只见他绷紧了脸，瞪大两眼，仿佛使出了吃奶的力气。一瞬间，一股刺鼻气味扑面而来。踩气球游戏结束之后，学生周超在文章《激烈的踩气球比赛》中对同学们的状态这样描述着："噼里啪啦"的气球爆炸声吓得许多女同学直捂耳朵。你瞧，场上二十位比赛选手每人脚上拖着气球，早已乱作一团。许多同学左冲右突，不停地踩别人的气球，可常常是"螳螂捕蝉，黄雀在后"。

罗树庚说，事实上，小学的很多教育主题，都可以通过游戏来完成。有关生命教育，他设计出一个"撕纸悟人生"的游戏。课堂上，他给每位学生发一张白纸(A4 纸)，让学生在纸的一面写上四个大字"我的一生"。

接着，他出示了某科学杂志公布的一组数据：如果按照一个人可以活80岁来计算，大约有24年的时间在睡觉中度过(学生撕去纸张的相应大小)，近5年的时光从碗边流过(撕去纸张的相应大小)，6年的时间在电视机前度过(撕去纸张的相应大小)，5年的时间在交通工具上度过(撕去纸张的相应大小)……象征着生命的白纸越变越小，罗树庚明显察觉出学生的神情也在随之发生变化……由始至终，他没有讲过光阴易逝的大道理，也没有苦口婆心地劝告，但谁能低估这种可视化的体验带给学生的实际震撼？日常生活中，我们可能会知行不合一，其根本原因就在于"不去行"的后果是抽象的，我们没有切身体会。或许，这堂悟人生的课，会留在这些学生的记忆中一辈子。

罗树庚还尝试着让习作与生活相连，打破生活与学习的界限。他很赞同叶圣陶老先生的一句话："学习就是生活，并非生活的准备。"知识并不等于沉重，也不等于高不可攀，它来源于真真切切的生活。于是，罗树庚鼓励孩子亲近自然，亲近社会，亲近劳动，亲近厨房，任何所见所得都可以诉诸笔端。一旦解除了禁锢，放下了架子，孩子的灵感便如涓涓流水，永不止息。

十年磨一剑，从刚开始一个人的自发探索到一个团队的集体研究，情趣作文的内涵日益丰富。罗树庚和他的团队依据学生的年龄特征，针对各个学段，从日常的教学实践中整理出了四大类、百个情趣作文素材以及大量的教学案例实录，并结集成书。

不察细节，难致情怀

事实上，情趣作文只是罗树庚语文教学研究的一个部分。从踏入教师岗位开始，他对语文教学的思考就从未止步，在阅读教学、语言习得研究等很多方面都颇有建树。

30多年的从教，他说，自己的时间消逝在字里行间的波浪线里，流淌在随性写就的只言片语中。读书与写作是他对生命隐退的一种抗拒。他的一部分生命，已经显现成它们的模样，静静地活在一页页纸张间、一本本好书里。私底下，他喜欢安静，喜欢阅读，最享受的生活是在家里写写东西、读读书。而作为一位语文教师，他一直相信的，是要做个教育的有心人。

如果说是教育理想促使他成为一位教师，那么从教的经历又使他进一步看清了自己的教育理想。或许每一个有教育情怀的人的内心深处都渴望办一所理想的学校。于是，当他的角色从一位教师转变为一校之长时，在感到压力的同时，他又感到欣慰，自己离梦想又近了一些。

我们看到，在罗树庚的精心培育下，宁波国家高新区实验学校正像一个成长中的孩子，展现着与生俱来的活力和生命力。

临近中午，学校广播里空灵悠扬的古琴声提醒着大家休息用餐。

罗树庚站起身，在走出办公室门的同时，顺手提起自己写好的小黑板，待走到通向食堂的长廊时，将它端正地靠墙放下。我们这才发现，这里已经整齐地排列了一些同样写着诗的小黑板，字迹不一。原来，教师们的签到方式，也可以如此好玩，如此别出心裁。

图 1 为罗树庚上情趣作文课。

图 1　罗树庚上情趣作文课

（本文选自 2015 年第 7 期的《时代教育》，收入本书时略有修改。）

《当代教育家》杂志社编辑　韦实

浙江省宁波市，是一座文化底蕴深厚，又极富时代气息的现代化城市，素有"书藏古今，港通天下"的美誉。在这座充满活力的城市里，有一所年轻的学校，正在成为孩子们的梦想乐园。

校内不撑伞——用理念建设校园

宁波国家高新区实验学校整个建筑像一个大写的"E"，和市区其他学校相比显得颇有些与众不同。

每次有人来学校参观，只要来宾一说"你们学校的建筑很有意思啊"，罗树庚就会兴致勃勃地把来访者带到学校的建筑模型前，开始讲他的理念和建校的故事。

宁波国家高新区实验学校是 2010 年新建的一所学校。建校时，地方政府让学校筹备组提前介入、参与设计。这可乐坏了罗树庚，他一直梦想着建一所"门口不堵车，校内不撑伞"的学校。

于是，"E"形的建筑群出现了。四米宽的连廊把学校建筑连在一起，下雨天孩子们可以通过走廊到校园的各个功能用房上课学习，不用撑伞。可惜，"门口不堵车"因为种种原因，没有实现。

这个"E"还有另一层意思。

罗树庚和他的同事们想建一所孩子们在家中都会想念的学校，一所能让孩子们拥有快乐童年的"幸福校园"。幸福是什么？幸福意味着尊重（Esteem）、启发（Enlightenment）、体验（Experience）、活力（Energy）、享受（Enjoyment）。这些词语在英文中开头的字母都是大写的"E"字。

漫步校园，憨态可掬的小雕塑，书本状的小石凳，刻有百家姓、成语故事的大理石路面，轻松幽默的厕所文化，意蕴深厚的长廊布置，充满童趣的校园指示标识……无不让人会心一笑。最让人感动的是，学校每幢楼房都设有无障碍通道，每个厕所都有一个特殊蹲位，所有有棱有角处都采用光滑或者流线型的圆角处理。

当被问及为什么能考虑得如此周到时，罗树庚透露了自己的秘密。从教以来，他有一个习惯，外出参观学习时，哪所学校管理有一套，哪所学校的指示牌比较新颖，哪所学校的走廊文化有创意，哪所学校的校徽设计特别精妙……他都会记在本子上，或者用相机拍下来，看到好的装备和设施，他甚至会抄下厂家的地址、电话等。他的电脑里存储着几千张其他学校的照片，记录着成百上千条与学校相关的各类信息。

今天听我的——用思想引领教师

走进这所学校，教师走起路来像风似的，脸上又总是带着微笑。罗树庚是怎么解决现如今职业倦怠这个"流行病"的？

有些学校的校本培训，每场培训结束时进行总结发言的总是主持人。在宁波国家高新区实验学校，校本培训的总结发言人是由主讲人当场抽签决定的。这一招极大地提高了全体教师参与活动的专注度，而且能极大地提高教师即兴发言和口头表达的能力，提升教师思维的敏捷度。

总是听报告，形式太单调。罗树庚把教育电影引进学校，把欣赏教育电影作为教师专业发展培训的一部分。他说："在优秀教育影片的影响下，教师的心灵是柔软的，情感是细腻的，性格是坚强的，世界观是健康的。"

专家在身边，今天听我的。为了充分激活教师的专业自信，罗树庚倡议在学校设立自己的"百家讲坛"。每学年围绕一个主题，在每次学校工作例会和校本培训前 10 分钟至 15 分钟，请一位教师进行主题演讲。每月评出一位月冠军，一年下来产生的所有月冠军再进行一次对决，决出一位年度总冠军。

宁波国家高新区实验学校是一所新学校，教师普遍比较年轻。作为一名校长，为了快速提升全体教师的执教能力，罗树庚非常重视教师队伍建设。他把培养、指导青年教师看得比自己的专业发展还重。虽然他是任教语文的，但不管什么学科的比赛课，他都会陪着教师一起研讨。他说："我是后勤部部长。我陪着大家，主要是给大家做一些服务工作的。"在他们学校，对罗校长有这样一句评价："学校有多少节比赛课，罗校长就有多少个不眠之夜。"

2014 年 5 月和 6 月，罗树庚正全力以赴准备参加四年才进行一次的省特级教师评审。他每天白天忙学校工作，晚上加班加点复习备战。在这节骨眼上，学校里一位青年教师要参加宁波市优质课评比，一位青年教师要参加宁波市名师评比。为了帮助参赛教师磨课，他把自己评审的事情扔在一边，和青年教师们一起研读文本，反复试讲，一字一句斟酌教学语言，连着几个晚上备课研讨到深夜。

毛小英老师在宁波市"教改之星"评比中获得了一等奖。她在回顾自己参赛过程时说："当我和家人五一节在外游玩的时候，罗校长却在办公室为我一字一句地修改教案、修改课件。游玩回来，我看到罗校长发来的修改后的教案。我鼻子酸酸的。"罗树庚不仅帮教师修改教案课件，为了推动教师"悦读"工程，他还连续两年自掏腰包为全校教师每人订阅一份业务报刊。

教师的积极性就这样被调动起来了。人好了，事情就好办了。有一次，学校要承办一个大型数学研讨观摩活动。学校报告厅里的靠枕需要清洗。五六百个靠枕拿到外面专业清洗店清洗得好几天时间。怎么办？罗树庚给教师们发了一条求助短信，靠枕被教师们一抢而空。仅仅过了一个晚上的时间，报告厅里的座椅便焕然一新。

你喜欢什么——用课程培育学生

罗树庚赞成学校的核心是课程这个观点。在他看来，学校就像一个饭店，教师好比大厨，而课程就是一家店区别于其他店的招牌菜。我们的学校有什么与众不同之处？用什么吸引家长、招待学生？答案是课程。一所特色鲜明的学校，必然是培养目标和育人体系独具特色的学校。而与之相适应的，也必然是学校课程文化的丰满、适切和个性化。

从 2010 年建校至今，罗树庚一直把管理的重心放在课程建设上。他说，鞋合不合适，只有脚知道。教育适切不适切，学生说了算。为了给学生提供适合的、个性化的教育，新学年开学前，他都会让教师根据自己的爱好特长填报两门个性选修课，然后把教师填写的个性选修课汇总发给学生和家长，让学生和家长根据自己的喜好选课。

5 年里，罗树庚和他的同事们引进社会优质资源，普及乒乓球、象棋；争取上级支持，引进台湾元智大学的科创课程；利用现代化信息技术，为学生开展远程教育。如今，学校已经向学生推出了 40 多门个性选修课，其中剪纸、绘画、刺绣、陶艺、科创等成为精品个性选修项目。

陈书玉是一位年轻的数学教师，对创造发明、动手制作情有独钟。学生们在她的指导下，用报纸制作桥梁，用硬纸板制作城堡，玩得不亦乐乎。后来，她了解到国际上有一项"头脑奥林匹克竞赛"。这是一项旨在锻炼学生创新能力、培养学生团队合作精神的科技创意比赛。这是全世界数万所学校都在参与的一项赛事。她希望罗校长同意她开设这门个性选修课。结果出乎所有人的预料，这门课程开设不到一年，她就率队过五关斩六将，拿到了赴美国参加国际比赛的入场券。2014 年 5 月，她领着 7 名小学生，作为中国代表队之一远赴重洋到美国比赛，在 50 多个代表队中获得了第 7 名的好成绩。如今，陈老师一边教数学，一边普及"头脑奥林匹克"。她的个性选修课从原先的 20 多人一个班，发展成如今的 6 个班级近 200 人。

像陈老师这样，把个性选修课带得风生水起的教师还有很多。聂青青是一位被大家誉为"雷夫、常丽华、韩兴娥"式的语文教师。她带领学生开设的经典诵读课，不仅学生喜欢，就连家长也常常会来聆听。因为名叫"聂青青"，所以她把自己带的班级命名为"青青之家"。她领着学生读的第一本书是《好饿的毛毛虫》。学生说："我们要做毛毛虫，我们就是一群毛毛虫。"在她的引领下，她所带班级仅 3 年级一个学期，阅读最多的学生达 29 本，最少的也有 4 本，全班一个学期共读 482 本，平均阅读 11 本。3 年下来，她把自己领着学生诵读的内容汇编成《新课标小学生必读必背古诗文》。宁波出版社免费为她公开出版，面向全国发行，她也被授予浙江省智慧班主任、高新区最美教师。我们相信，"毛毛虫们"在她的引领下，通过自己的努力，将来一定会幻化、蜕变成一只只美丽的彩蝶。

在宁波国家高新区实验学校，有一门课程深受学生的喜欢，这就是罗树庚和他的同事们开发的"情趣作文"课。这门课程把科学实验、游戏活动、探究实践与学生普遍"怕"的写作文结合起来，让学生在教师的组织下，先玩后写，边玩边写，玩中学写，不玩不写。用"玩"去对付"怕"，不仅极大地提高了学生的习作水平和表达能力，而且培养了学生的创新意识，提高了学生的创新能力。经过几年的努力，罗树庚和他的团队整理出了 100 个情趣作文素材，编辑出版了《玩出名堂 写出精彩——小学情趣作文教学》。这本书还成为《中国教育报》的 2014 年教师暑期阅读推荐书目之一。

建校以来，罗树庚校长一直在追寻自己的"幸福教育"之梦。他带领教师们一起做了四个方面的事，即转变教与学的方式，让课堂成为幸福的旅程；改变课程设置，让课程成为幸福的保障；丰富校园文化，让活动成为幸福的载体；推进书香校园，在学生心间播下优良的种子。他说，他是一位麦田守望者，守护童年、呵护童心是他的责任和使命。他希望通过自己的努力——尽可能利用自己所拥有的那点空间，最大限度地让学生感受到学习的快乐，感受到成长的快乐，感受到做一个人的快乐。

为了遇见更好的自己——让书香充盈校园

为了在未来遇见一个更好的自己，读书、教书、写作已然成了罗树庚的生命状态。他说："读书与写作是我对生命隐退的一种抗拒。我的一部分生命，已经显现成它们的模样，静静地活在一页页纸张间、一本本好书里。我是教师，我每天都要面对孩子，我必须让孩子看到今天的我不是昨天的我；我是校长，我每天都要面对教师，我必须让教师们感受到今天的我不是昨天的我。"

因为自己爱读书写作，因此罗树庚也把打造书香校园作为学校的一大特色来创建。别的暂且不说，就拿争议比较多的"作家进校园"来说，在他这里绝对充满创意。

一个学期请一位作家走进校园，是他们学校的一项雷打不动的常规。作家来之前，全校师生一起读这位作家的作品。两个月后，根据年级不同，进行阅读展示，一年级制作书签，二年级设计封面，三年级做摘记卡，四至六年级做读书笔记，然后进行全校展示。其间，还要选定两个班级排演该作家某部作品的情景剧。作家来学校时，对各班读书成果进行评定，并欣赏学生编排的情景剧。接着，让学生和作家进行面对面访谈。访谈结束后，请作家和学生一起种下一棵纪念树。最后，再请作家给学生签名留念。

"任何活动都有两面性。作家进校园，如果纯粹是签名售书，的确意义不大。但如果我们用心设计，把一项活动变成一个课程，就能产生巨大的教育张力。"罗树庚自豪地说，"我们学校的孩子酷爱阅读，与我们坚持这项工程密不可分。"儿童文学作家郁雨君感慨道："全国各地我走过那么多学校，宁波国家高新区实验学校我一辈子都不会忘记。在这里，我遇见了一批真正爱阅读的小精灵。"

在罗树庚的影响下，他们学校自发成立了青年教师读书会——翰香书苑。在书香的熏染下，教师们焕发出一种独特的精气神。他们连续三年获得了浙江教育报刊社组织的读书征文优秀组织奖，一所学校每年在公开报刊上发表的论文数甚至比一个县市区的总数还多。

用"读书"修炼教师的底气，用"写作"提升教师的思考力，用"磨课"提高教师的执教能力，用苦练"基本功"推动教师队伍发展。这几年，宁波国家高新区实验学校教师的专业发展进入了一个快车道。翻开学校的荣誉册，宁波国家高新区实验学校的教师几乎包揽了区里选送到宁波市参加优质课、基本功比赛的全部指标。

更重要的是，这一切，让学生很喜欢。

2014年3月，华东师范大学高校专家团队对宁波国家高新区实验学校学生进行了不记名的问卷调查，发现高达97.9％的学生表示很喜欢到学校去。华东师范大学专家团队说，这份问卷他们在全国各地许多学校做过，这一数据是他们见到的较好的一次。

502班朱晓蕾同学在一篇作文里这样写道。

我们的学校是"幸福城"，每天都会碰见许多幸福"精灵"。有"常常微笑的眼神精灵"，有"关心他人的情感精灵"，也有"待人热情的友谊精灵"。我很荣幸能成为一名"幸福城居民"，在这里"居住"了将近五年的时间，幸福像雨点般不停地落在我身上。

图2为罗树庚在浙江省特级教师年会上上展示课。

图2　罗树庚在浙江省特级教师年会上上展示课

（本文选自2015年第3期的《当代教育家》，收入本书时略有修改。）

《广西教育》杂志社编辑　蒙秀溪

"在路上，用我心灵的呼声；在路上，只为伴着我的人；在路上，是我生命的远行；在路上，只为温暖我的人……"用刘欢这首《在路上》来描绘罗树庚近30年来的教育生涯，那是再合适不过了。他说，我们每个人都是一位行者，在路上是每个人的生命状态。作为一位教师，在路上，他是一位躬身前行的教育探索者；作为一位校长，在路上，他是一位不忘使命、立德树人的引领者。他用思索丈量着前行的路，勾勒着宁波国家高新区实验学校的"幸福蓝图"。

"为师，是我选择的甘愿一生的路。于我而言，这条路是没有穷尽的，有的是路上美妙的风景。师者要善于发现、欣赏这些风景，并将它们内化为自己生活的一部分。而这离不开一个关键词：思考。"罗树庚说。

行于思：治学思想的生成

1990年，罗树庚从浙江省原衢州师范学校毕业，踏上了三尺讲台。初出茅庐的他有一股闯劲儿，饥渴地从教育报刊上汲取着养分。勤于动笔的他，在1998年至2006年的8年间，就在省级以上报刊发表了多篇文章。这些文章有杂文、散文，有论文、案例，有新闻、时评等。

看到自己发表了这么多文章，他有些沾沾自喜。他把自己的文章汇编成册，送给自己学校的校长——特级教师、宁波万里国际学校校长林良富斧正。林校长仔细阅读后，不但没有夸赞，反而给他泼了一盆冷水："你的文章数量多、涉猎面广，但多为应景之文，对问题的研究浅尝辄止。我在你的文章中，看不出你对语文教学的主张，文章里没有你自己。"

林校长的一盆"冷水"非但没有浇熄罗树庚心中的小火苗，反而刺激他对自己进行了"否定和重构"。"林校长的这番话，如醍醐灌顶，让我冷静了下来。"回忆往事，罗树庚脸上露出了温和的笑容。"我重新看了一遍那些文章，把一些应景文章扔掉，选择一些有价值的问题进行深度思考、系统研究。"

系统观就是这个时候在罗树庚心中悄然产生的。何为"系统观"？罗树庚认为，无论什么事物都处在一个系统中，看待问题应该先从全局进行把握，然后再对其进行局部剖解、分析，如此才能正确定位、解释一个事物。于是，罗树庚开始以系统观观照自己的语文教学。

2006 年，新课程改革推行五六年，小学语文教学出现了一种倾向——重人文性，轻工具性，语文教学不重视"语言习得"。课堂上感悟、分析的多，扎扎实实进行语言文字运用的少，语文课缺少语文味。"语文老师忙着种别人的地，却荒了自己的田。课堂里多的是感悟，少的是训练。君子动口不动手，热热闹闹。这样的语文教学，怎么能提高学生的语文综合素养呢？"罗树庚说。针对这一现象，他把研究重点定在了"立足语言习得，用课文教语文"上。围绕这一目标，他上下求索、左右比较，从课程论、教学论到新中国成立以来有关"语言习得"等相关的专家论述，进行了广泛收集，深入学习，反复研究与实践。为了实实在在落实"语言习得"这一目标，他把切入点放在"读写结合，当堂进行随文练笔"上。他领着全校语文教师一起梳理了人民教育出版社十二册教材每篇课文的知识与能力细目表，为大部分课文都设计了小练笔。"读写结合、随文练笔"这一做法的操作性极强，受到了教师们的广泛好评。很快，他们学校的语文课堂悄然发生变化：学生批批注注的活动多了，师生问答式的话语少了。

尝到系统思考的甜头之后，罗树庚又开始"情趣作文"的探索实践。其实，罗树庚并非"情趣作文"的开创者。在他之前，这方面的研究成果已经很丰硕。如何站在巨人的肩膀上，再进一步呢？这就成了罗树庚研究的课题。通过系统学习相关研究之后，罗树庚发现，尽管研究"情趣作文"的专家、教师不少，但目前还没有人系统规划出一套内容循序渐进、目标螺旋上升、实施有章可循的情趣作文训练体系。问题即课题，找到了研究方向以后，他便带领他的团队进行了实践探索。经过长达 5 年的研究，他和他的团队拿出了《玩出名堂 写出精彩——小学情趣作文教学》这部论著。

"围绕一个点进行系统全面的研究，我们不仅能知其然，还能知其所以然。系统思考就好比吸铁石吸铁屑，能让我们的研究朝一个方向纵深掘进。倘若东一榔头西一棒，治学就会浮于表面，就会出现头痛医头、脚痛医脚的局限。"罗树庚总结道。

醒于思：辩证思维的养成

人民教育出版社小学语文教材五年级下册之前有篇课文《桥》，是一篇颇受争议的选文。有批判者认为，这篇文章中村党支部书记老汉形象的塑造，是为了宣扬共产党员的高大形象，文章内容有点空洞。看到这样的评论，听到这样的质疑，罗树庚有不同的看法。他说："为什么会导致这样的误读呢？关键原因是解读者缺乏辩证思想。"

《桥》是人民教育出版社十二册课本中唯一一篇作为精读课文来对待的微型小说。这篇文章只有短短的600来字，却有27个自然段。本文的特色包括：第一，用简洁的语言来渲染紧张的气氛，是这篇课文表达上的第一个特色。第二，构思新颖别致，巧设悬念。我们读到结尾处，才恍然大悟——"老汉"和"小伙子"是一对父子。结尾处解开悬念后即戛然而止。这让人既感到"意料之外"，又觉得在"情理之中"，很有震撼力。第三，作为一篇小小说，《桥》在对典型人物的正面细节刻画和侧面衬托描写上也做得非常好。第四，这篇文章尽管只有短短的600来字，但在描写暴雨洪水的过程中，作者不惜笔墨，花了相当长的篇幅来描写洪水的变化。这种环境渲染、衬托的表达方式非常典型。

编者在五年级下册安排这么一篇课文，目的是要我们借助它让学生认识一下"微型小说"。这与把《杨氏之子》编入教材，让小学生初步感受文言文的魅力；把《为人民服务》编入教材，让小学生初步认识"议论文"的道理是一样的。如果我们能这样辩证地看待教材，就不会如此评论了。

读诗歌，需要还原意象，做到悟情、得言、会意；读小说，要关注情节线索，在矛盾冲突、典型环境、细节描写中理解人物形象，领会小说的主题；欣赏散文，要慢读细品，联想、沉潜，得其神、悟其形，与作者心领神会……一篇文章，可教的"点"是很多的。作为一位语文教师，我们不仅要有良好的文本解读能力，更要有辩证思考的思维方式。

"有了辩证思考的思维方式，我们就不会人云亦云。"罗树庚说，"现在，有些专家阐述观点比较片面。为了吸引眼球，动不动就会抛出很有新闻效应的观点。譬如，提出把鲁迅请出小学语文教材，把《狼牙山五壮士》删除等。作为一线教师，面对这些片面的观点，我们一定要保持警惕，一定要学会辩证思考。"

成于悟：既见树又见林的艺术

勤于思考的习惯，不仅让罗树庚在教学上得到快速提升，还令他在管理上声名鹊起。他在《中国教育报》曾发文阐述校长在学校不同发展时期的定位问题。他提出，在初创时期，办学校犹如带兵打仗，校长要冲在前面；在提升时期，犹如带兵跑步，校长要侧居中部；在稳步发展时期，犹如部队行军，校长要敢于殿后。为了激活教师参与校本培训的激情，他创造性地提出三招鲜：培训结束后谁做总结发言——抽签决定；与时俱进拓展校本培训的内容——集体看电影；主题论坛，今天听我的——教师百家讲坛。

有过多年副校长、校长任职经历的罗树庚，给我印象最深的是他关于课程的论述。他说："学校就像一个饭店，教师好比大厨，而课程就是这家店区别于其他店的招牌菜。这家店有什么与众不同之处？用什么吸引家长、招待学生？答案是课程。一所特色鲜明的学校，必然是培养目标和育人体系独具特色的。而与之相适应的，也必然是学校课程文化的丰满、适切和个性化。每一所学校，由于历史的发展进程不一样，面对的挑战不一样，工作的重点可能就不一样。特别是在不同的历史时期，肯定有不同的重点。但是，不管有多少个不一样，有些东西是永恒不变的，课程设置问题就是学校的核心。"

采访过许多名师、校长，我还是第一次听到"课程好比招牌菜"这样形象的比喻。我问他是怎么想到这个比喻的，他笑笑说："这是受《舌尖上的中国》这档节目启发而产生的。"他的话语，再次印证了他勤于思考的特质。他认为，课程是学校的产品，课程是学校的核心，而校园文化、章程制度、特色创建、活动开展等都是外围的东西。他的话语，让我看到了他既见树木更见树林的全局观、系统观。因为有这样的视野，所以他提出用课程引领教师发展，用课程引领学生发展。

罗树庚告诉我，刚开始教师们对课程开发有畏难情绪，认为课程开发与建设是专家的事，是课程顶层设计者的事。为了转变教师的观念，他从引导教师根据本学科做适度拓展入手，慢慢地让教师意识到开发课程并不难。然后，他又引导教师根据自己的个性特长研发课程。

陈书玉是一位工作10多年的数学教师，2010年调入宁波国家高新区实验学校。她因为自己比较喜欢制作，响应学校号召，组建了一个手工作坊社团。学生在她的指导下，用报纸制作桥梁，用硬纸板制作城堡。后来，她了解到国际上有一项"头脑奥林匹克竞赛"。她希望罗校长同意她开设这门个性选修课程。从最初的手工作坊，到后来的科技创意比赛，再到今天的头脑奥林匹克校本课程，陈书玉对课程开发与建设有了一个全新的认识。如今，不仅宁波国家高新区实验学校的头脑奥林匹克校本课程是宁波市教育规划重点课题，而且教师们还编制出了教材。

在采访中，我看到了《宁波国家高新区实验学校2015学年缤纷课程指南》。翻开这本指南，让我感到吃惊的是，他们全校仅73位教师，却为学生开设了92门个性选修课。这些课程都是基于教师个性特长和学生需求研发出来的。因为坚持把管理的重心放在课程建设上，宁波国家高新区实验学校在创办的短短5年时间内，就荣获区级以上各级各类集体荣誉130多项。学校在剪纸、书法、科创、经典诵读等各个方面呈现出百花齐放的良好局面。

如果说教育是一个宝藏，那么"思考"就是罗树庚探寻宝藏的"挖掘机"。行走在平凡而神奇的教育路上，挚爱与思辨已经成为罗树庚生命姿态中的元素。一路上，他且行且思，默默耕耘，孜孜以求。他说："课堂可以翻转，大师可以超越。邯郸学步，只会裹足不前。只有不断思考总结，才能超越。人生只有走出来的美丽，没有等出来的辉煌。在这条让我痴迷的教育路上，我愿做一名躬身前行的探索者，直到永远！"

图3为罗树庚和学生在一起。

图3　罗树庚和学生在一起

（本文选自2016年第8期的《广西教育》，收入本书时略有修改。）

建幸福学校

《教育文摘周报》记者李霞，通讯员陈佳美

苏霍姆林斯基曾说过：教育的理想在于使所有儿童都成为幸福的人。将"幸福"融入教育，既是发展学生核心素养的应然，也是立德树人的根本要求。正是基于这样的认识，罗树庚提出了"建幸福校园，育阳光少年"的愿景。在他看来，只有让师生有归属感、安全感，能诗意地栖息，并得到适切发展的学校，才能让人的潜能、长处得到最大程度的发挥与展现。罗树庚希望，在为自己与他人带去愉悦的同时，每一位走进学校的孩子，都能成为一名幸福的"阳光少年"。

让校园成为幸福的起点

人创造环境，同样，环境也创造人。作为校长，心思缜密、勤学善思且极富行动力的罗树庚带领他的团队，努力让校园的每一个角落都体现出幸福的理念。

艺术设计，寓意深广。建筑是有生命的，早在学校还只是一纸蓝图的时候，罗树庚和他的团队就把幸福的理念融进建筑设计里，渗透在每处细节中。步入校园，一座"E"字造型的建筑映入眼帘，它既代表了学校对教育信息化、现代化的高度关注，也体现了学校希望通过蕴含尊重（Esteem）、启发（Enlightenment）、体验（Experience）、活力（Energy）与享受（Enjoyment）的教育举措来让师生感受到幸福的美好愿望。走近校园花坛，一眼可见花坛中摆放的"七彩蚕茧"。"蚕茧"造型生动，色彩鲜明，寓意学校如茧，每一位步入校园学习的孩子如蚕宝宝，终将积蓄才智，破茧而出、化蛹成蝶，飞向世界。

绿色校园，景美果香。校园内，鱼塘荷池、草坡绿地、银杏法桐、山楂石榴、芙蓉海棠……各安其位，各有讲究。凡是科学课本中出现的植物，学校都尽量找来种植，并请学生为其设计"温馨提示""植物名片"；学校还辟有一处种植园，专门种植果蔬作物，由学生亲手侍弄培育，以便他们了解自然规律，感受劳作的辛苦，体验丰收的喜悦，培养勤俭的德行。

设计前置，体贴入微。南方多雨，学校建造之初，便设计了一条去往校园内各个功能房的四米宽的连廊，以便师生既免雨淋之苦，又享赏雨之趣；为了保证学生的安全，校园内的立柱、台阶、墙角均进行了圆滑无棱角处理；考虑到行动不便儿童入学的可能性及其他情况，学校专门设计了无障碍如厕设施及通道。

文化意蕴，陶冶情操。校园内一个个"书"形石凳，文化广场前矗立的孔子雕像，广场地面上刻着的百家姓、成语、数学公式，以及教学楼五个楼层各自的主题都彰显了教育者的良苦用心。

让课程成为幸福的保障

依据立德树人的根本任务，对照学生发展核心素养，借鉴国内外积极心理学理论，罗树庚提出：要努力使学生成为"身心健康、品格高尚、行为优秀、热爱学习、热爱生活、勇于创新"的"阳光少年"。围绕这一育人目标，融合国家课程、地方课程和校本课程，学校建构了"幸福1＋1"课程体系。

打造幸福课程。纵向上，立足区域、学校、师生的实际，在国家课程校本化上下功夫，对课程进行适度拓展，让课程富有情趣，让学生享有学习的幸福感。横向上，在开足开齐国家课程的同时，学校从尊重学生选择、鼓励个性发展出发，积极开发拓展性课程，尽可能为学生提供更多选择。经过几年的探索，学校已开发出运动、体验、科创、修身育德四大类、数十个拓展性课程。每年开学初，教导处都会对教师申报的拓展性课程和校外引进的社会资源加以梳理，优化整合后推送给学生和家长，供其自主选择。

收获幸福果实。一手抓拓展课程，一手抓课程拓展，拓展课程和课程拓展在实际运用中相辅相成，相得益彰。"幸福1＋1"课程体系既在帮助学生打牢知识的基础上发挥了积极作用，又使学生的个性特长得到了长足发展。学校的"纸海游艺""OM科创课程"被浙江省教育厅确定为省级精品课程；头脑奥林匹克科创团队，两次荣获浙江省青少年科技创新大赛一等奖，多次荣获全国头脑奥林匹克竞赛一、二等奖，两度代表浙江省参加在美国举办的世界赛事。学校用课程来满足学生个性发展、自主发展的需要，让学生有更多的选择机会，有力地保障了幸福校园的建设。

让教学成为幸福的旅程

课堂教学是师生人生中一段重要的生命旅程，是他们生命的有意义的构成部分。如何让课堂成为幸福的旅程呢？学校从转变教与学的方式，积极探索"先学后教、小组合作"教学模式，改变课堂结构入手，努力创建关注整合，关注实践，关注乐趣、情趣的幸福课堂。

一是语文课堂教学。语文课上，教师鼓励学生以自创的活动、游戏为习作内容，鼓励他们写自己感兴趣的东西。从二年级开始，学校每学期增加10节情趣作文课。10个学期共积累了100个情趣作文素材。这些素材以兴趣为核心，将科技、游戏、实践、生活与习作相连。学生在教师的组织下，一边做实验、玩游戏、进行社会调查，一边练写作。情趣作文课为各学科之间创建了联系。学生从中不仅获得了知识，更重要的是实践创新、勇于探究、批判质疑等核心素养得到了长足发展。

二是数学课堂教学。学校按照"让数学变得更好玩"的实践策略将一些益智类数学玩具、数学故事、生活数学增补拓展到课堂教学中，让学生借助真实任务调动身体感官参与操作性、探究性活动，进行数学思维活动，运用数学工具解决实际问题。经过几年的实践，学校开发了"玩转数学"拓展课程，让数学课堂寓教于乐。

三是英语课堂教学。学校以"英文歌曲、原版动画片、英文绘本、英语课本剧"推进教学活动，尝试开展一条"情趣化"的英语教学路径。在每节英语课的前三分钟，教师都会带着学生伴随舞蹈动作学唱英文歌，一学年学唱10首，6年累计学唱60首。学校还从2000多本英文绘本中精挑细选出60本，将它们融入英语基础课程，形成了"围绕专题、拓展绘本、阅读绘本、表演绘本(或者创作绘本)"的教学特色。

让活动成为幸福的载体

罗树庚认为，活动是人类生存和发展的基础，儿童的发展不是靠外力强加的，而是通过实践活动主动实现的；教育教学的基本任务就在于建构和组织符合儿童身心特点、丰富多元且成体系的活动，让活动成为儿童拥有幸福童年的载体，使教育目标在儿童主动参与中完成。

重视社会实践。实践出真知，学校非常重视社会实践，专门编制了《实践活动实施手册》，定期组织学生走进学校周边的爱国主义教育基地、社会实践基地、研究机构和厂矿企事业单位，进行基于真实情景的学习。结合社会实践，学校构建了多姿多彩的社团文化，营造了五彩缤纷的节日文化，践行着灵动体验的实践文化，塑造出高雅文明的礼仪文化……在多种探索中，学校积累大量经验，不断总结，不断提升。

组织亲子活动。爬山、游园、远足……学校经常利用节假日组织亲子活动，把学生和家长引向生机勃勃的大自然，既丰富了他们的假期生活，又加强了家校之间的互动，融洽了师生、生生、家校之间的关系，凝聚起各方合力，营造出一种阳光快乐的教育环境。如今，学校活动设计有主题，组织实施有规划，亲子活动俨然已成为幸福校园建设的一道亮丽风景线。

从教治校近 30 年来，罗树庚追寻"幸福教育"的脚步从未懈怠。他希望通过自己的努力，在有限的空间里，让学校的学生最大限度地感受到成长的快乐与生命的美丽。他希望学校里的每一位学生，都能生活在文化的沃土上，立足在精神的高地上，成长在广阔的舞台上，行走在幸福的大道上。

图 4 为罗树庚给学生上课。

图 4　罗树庚给学生上课

（本文选自 2018 年 5 月 2 日的《教育文摘周报》，收入本书时略有修改。）

跋：追寻教育之真，体悟管理之道

　　我与树庚校长相识在 20 多年前的宁波南站公寓。那时，我刚加盟宁波万里国际学校，他从衢州江山来考察体验。我们风华正茂，书生意气，通宵达旦地谈教育、谈人生。两年之后，他也下定决心加盟了万里学校。我们成为互敬的同事、得力的战友。2009 年，他应邀受命筹建宁波国家高新区实验学校。弹指一挥间，10 多年过去了，他送来了这本《一位率真校长的教育哲思》书稿。因为有着这份情谊和经历，我十分认真地读完书稿，而且阅读中自然多了一份亲切、欣喜与遐思。

　　阅读其文，如见其人，如品其校。一校之长，由于横跨教育和管理两个领域，故其角色特殊，地位重要。校长的品质素养往往会给学校发展打上底色，往往会给教职工的精气神打上烙印。所以，赏其文，品其校，还须先识其人。

　　我认识的树庚校长特别谦虚。"虚己者进德之基也。"谦虚是一种美德，是进取和成功的必要前提。"谦虚使人进步，骄傲使人落后。"现今的树庚校长尽管已大名鼎鼎，身冠浙江省特级教师、宁波市名校长头衔，手上治理着一所品牌响当当的名校，但他依然谦逊，依然虚怀若谷。他经常向专家学者请教，向校长同行问道，向家长学生问计，甘心做学校教师专业发展的"后勤部部长"。他倡导教育工作需要低调的高贵，不需要浮华的喧嚣，开设选修课要量力而行。

　　我认识的树庚校长特别勤勉。树庚校长经常挂在嘴边的一句话便是"勤能补拙"，而且他能做到始终如一。早在学校还只是一纸蓝图的时候，他就起早贪黑翻阅大量的资料，访问众多的学校，倾听各方的意见，努力让校园的每一个角落，都体现出幸福的办学理念。现今，很多到访者都为这所"新校不新"、寓意深广的校园文化设计赞叹不已。正在写此序文时，他的副校长又送来了一套刚刚出版的精美的 6 本《解锁数学思维》校本拓展课程丛书，看得出他的团队在他的带领下都很努力、很上进，也很有成就感。

我认识的树庚校长特别踏实。他所在的实验学校大厅里悬挂着顾明远先生亲自撰写的八个大字：志存高远，脚踏实地。我想这既是他们学校的校训，也是他自己做事的写照。树庚校长说："人生只有走出来的美丽，没有等出来的辉煌。在这条让我痴迷的教育路上，我愿做一名躬身前行的探索者，直到永远！"10 多年的探索前行，将当初勾勒的"幸福蓝图"变成了如今"幸福学校"的宁波模样。

我认识的树庚校长特别有才。"胸藏文墨怀若谷，腹有诗书气自华。"为了在未来遇见一个更好的自己，读书、教书、治校、写作已然成了树庚校长的生命状态。他说："读书与写作是我对生命隐退的一种抗拒。我的一部分生命，已经显现成它们的模样，静静地活在一页页纸张间、一本本好书里。我是教师，我每天都要面对孩子，我必须让孩子看到今天的我不是昨天的我；我是校长，我每天都要面对教师，我必须让教师们感受到今天的我不是昨天的我。"他是这样说的，也是这样做的。他阅读了大量的文学、历史、教育、管理等方面的书籍，他出版了《玩出名堂 写出精彩——小学情趣作文教学》《教师如何快速成长》等著作，他成为《中国教育报》的专栏作家、特约评论员。他把学校打造成了书香校园，培养出了一批批真正爱阅读的小精灵。

面对当下日新月异的社会发展和教育变革，所有的墨守成规、不思进取都是一种退化。我们并不要求每一位校长都成为学校的精神领袖，但至少校长要做学校发展过程中的精神标杆和学校先进文化的代表。我想树庚校长一定是他们学校的精神标杆、先进文化的代表、学校发展的引路人。

树庚校长拿出这本书稿时显然不是洋洋得意、牛气冲天的，而是小心翼翼、诚惶诚恐的。究其原因：作为"甬派教育管理名家培养工程"的培养对象，必须凝练出自己的教育思想。而他觉得自己没有什么教育思想，无非是在教育实践中，践行前人的教育思想，探索教育的客观规律，找寻符合客观规律的育人之道、管理之道而已。树庚校长的惶恐之情状实在意料之中，其谦虚之精神也可见一斑。但谦虚归谦虚，如果我们细细琢磨其中所蕴含的他对教育、管理的认识和态度，恰恰说明了他对教育本质的理解是深刻的，他对教育现象的审视是理性的，他对教育管理的把握是专业的。

记得石中英教授写过一篇文章《教育者不要再痴迷于制造标签化的"教育特色"》。他感觉到当下有一个不争的事实，即教育概念满天飞的现象，而且大有愈演愈烈的趋势。他认为初衷是好的，但如果一味地强调特色、差别，以至于别人提过的理念我就不能提，别人用过的概念我就不能用，非得在理念上、名称上弄出与别人不同的东西，方才显出自己在学校管理、教育教学等方面的独特性、创新性和价值性，那就走到了学校特色创建活动的反面。

我之所以转引这么一段文字，不仅是我赞同上述观点，更是我找到了树庚校长将书稿写成《一位率真校长的教育哲思》的全部秘密。树庚校长用教育哲思的方式，记录了他追寻教育之真、体悟管理之道的心路历程，展现了他从优秀教师转型为优秀校长再成长为教育管理名家的成长轨迹，揭示了他带领教师们十年磨一剑创生一所幸福学校的办学奥秘。

显然，树庚校长走上校长岗位的那一刻，就懂得苏霍姆林斯基的一句名言：校长的领导首先是教育思想的领导，其次才是行政领导。的确，如果校长对学校的建设、教育教学工作没有整体主张，那就意味着学校这艘大船失去了前进的方向，即使再漂亮的校舍、再先进的设施设备、再富有战斗力的师资队伍，也都会失去发挥作用的平台。于是，他从反思我们的教育对象——学生出发，思考"孩子应该有怎样的童年？""我们应该给学生提供一所怎样的学校？"他的回答是清晰的、坚定的："童年，是生命的故乡；快乐，是童年的全部哲学。""我要给学生提供一个快乐成长、诗意栖息的幸福乐园。""我们的教育要为学生一生幸福奠基。"幸福几乎是所有人都会追求的一种生存状态。它是人的物质需求与精神需求得到满足时的和谐感，是人的身心健康和人格丰富充盈的完美状态。正是因为有了这样的幸福理念，对于新学校的建筑设计、文化布置、学生活动等，他都有了源源不断的创意，学校也变得好玩起来。

客观地说，幸福教育的理念不是树庚校长的首创，中国有很多校长在办学中都会用"幸福教育的理念引领学校发展"。而且，此时的树庚校长对幸福教育的理解和对建设幸福学校还更多停留在主观感受上，如何在教育过程中让师生体念到诸多形式的幸福也是处在且行且思的探索上。树庚校长没有痴迷于制造标签化的教育概念，也没有急匆匆地对幸福教育的办学理念做形式化的系统建构，而是一切都处在不断的思考、体验和探索之中。引用他自己的话来说就是"始终坚持在教育、管理的实践(行)中感悟(知)，在感悟(知)中实践(行)，以知促行，以行促知，努力践行知行合一"。

一所新学校，年轻教师多，他就发挥自己的引领作用，用"读书"修炼教师的底气，用"写作"提升教师的思考力，用"磨课"提高教师的执教能力。终于，全校教师的工作积极性被调动起来了，教师的执教能力得到了快速提升，教师的职业幸福感也油然而生。为了充分激发学生的学习兴趣，让课堂成为师生人生中一段重要的旅程，他率先进行了"情趣作文"的尝试。他系统规划出一套内容循序渐进、目标螺旋上升、实施有章可循的作文训练体系。以此为突破口，数学组成功开发出"玩转数学"系列拓展课程。同时，学校积极开展"先学后教、小组合作"的课堂模式探索，改变了传统的师讲生听的教学方式，让课堂绽放出生命活力。为了给学生提供适合的、个性化的教育，学校开设了诸多个性选修课。这期间，树庚校长和教师们引进社会优质资源，普及乒乓球、象棋等运动类课程，引进台湾元智大学的科创课程等。依据立德树人的根本任务，对照学生发展核心素养，树庚校长和教师们不断优化课程目标与内容，终于建构起"幸福1＋1"课程体系，有力地保障了幸福校园的建设。

追寻儿童教育之真30余年，探索幸福学校建设10余年。至此，我们会发现这所学校中，幸福教育的理念已植入每一位师生的心田，幸福这个教育主题几乎可关联到学校教育的各个方面。我们不妨再来看一看2018年《教育文摘周报》记者的采访报道《建幸福学校》：让校园成为幸福的起点，让课程成为幸福的保障，让教学成为幸福的旅程，让活动成为幸福的载体。罗树庚校长提出的"建幸福校园，育阳光少年"的办学架构已经清晰地跃然纸上，树庚校长的"幸福教育"思想正在逐步形成。他已从以往的工作经历和具体教育教学情境中走出来，较为科学地建构起符合教育学规律的幸福教育思想，并且通过顶层设计和高瞻远瞩的教育布局，转化为全校教师的教育观念，落实在教育的全过程中。树庚校长的"这个"幸福教育的价值性、创新性和适切性在宁波国家高新区实验学校的办学过程中得到了很好的凝练和充分的体现。

"实践、认识、再实践、再认识，这种形式，循环往复以至无穷，而实践和认识之每一循环的内容，都比较地进到了高一级的程度。"树庚校长是幸运的，正当他的幸福教育思想形成之际，他的另一所新学校于2019年秋季开学了。这是不是可以成为树庚校长幸福教育思想高一级程度的实践园呢？我们有理由可以这样期待。

行文至此，本可以结束，但实在有点不忍心，因为书稿中有较多篇幅记录了树庚校长的管理之道，我体悟其中，确有心得，略说一二。

其一特别充满教育情怀。德国哲学家雅斯贝尔斯在《什么是教育》一书中写道：教育就是一棵树摇动一棵树，一朵云推动一朵云，一个灵魂唤醒另一个灵魂。树庚校长深知做教育就是做影响人和培养人的事业，影响人的生命态度，培养人的人格品质。为此，面对一些家长不当干涉学校的现象越演越烈，他撰写《我们要加强学生的体质健康教育》等文章，呼吁社会给学校更多的关心和支持，呼吁媒体给予学校更多的宽容和理解，呼吁家长给予学校和教师更多的尊重和配合，呼吁立法部门尽快出台"学校法"。

其二特别充满管理智慧。教育是一门科学，科学是有规律可循的；教育又是一门艺术，掌握它需要悟性。正因为如此，做好教育管理确实需要实践智慧。树庚校长既能把握办学的规律，又能悟透教师、学生的心理，在幸福学校建设中时时刻刻透出他管理的智慧。发表在《中国教育报》上的系列管理文章就是他管理智慧的结晶。譬如，在《新校长要有"五敢"》一文中，他提到新校长要敢于亮相、敢于决断、敢于放权、敢于挑担、敢于批评，这给刚入职的新校长上了生动的一课，指明了工作方向。在《不同发展期应有不同管理智慧》一文中，他借用部队里长官带兵打仗的三种不同位置来说明不同发展期校长的角色变化：初创期的冲锋在前，发展期的侧居其中，稳定发展期的敢于殿后。校长的这三种定位既形象，又富有哲理，让我这样曾经的老校长也耳目一新、启迪多多。

树庚校长的这一篇篇关于教育思考的文章，犹如他办学路上踩出的一串串脚印，凝结出的一颗颗散落的教育珍珠。一旦结集成书，这一串串脚印就刻画出一位教育管理名家的成长轨迹，这一颗颗珍珠就联结成一条散发着幸福教育思想光芒的项链……

林良富

于己亥中秋

（林良富，全国特级教师、宁波市名师名校长、宁波首批"甬派教育管理名家培养工程"的培养对象，现任浙江省万里教育集团总裁。）

后　记

2018 年 6 月，华东师范大学出版社为我出版了一本拙作《教师如何快速成长》。不曾想，这本书出版仅一年，竟然连续印了 8 次，累计发行达 3 万多册。更让我感到意外的是，这本书竟然入选了中国教育新闻网 2018 年度"影响教师的 100 本书"。我有些小确幸。《教师如何快速成长》是我用 30 年的从教经历写给教师看的一本经验之谈。受这本书的启发，我想我是否可以把自己担任校长、副校长近 20 年的所思所想，也做一次梳理，变成一本书，和从事学校管理工作的教师一起分享呢？

有了这样的初心之后，我开始梳理自己担任副校长、校长以来写的一些片言只语。恰巧，这期间，我有幸成为宁波市"甬派教育管理名家培养工程"的培养对象。这个培养工程有许多硬性指标，其一就是要在 3 年培养期内出版一本个人专著。初心与任务叠加，让我产生了不竭动力。请教了首席导师陈如平教授、导师耿申教授和宁波教育学院教育行政学院院长袁玲俊老师之后，我开始慢慢明晰自己的论著方向。

翻看着自己近 20 年写的教育管理感悟，读着这 100 多篇零零碎碎的文章，我的脑海里突然跳出了"哲思"这个词。在教育这条不平坦路上，我且行且思，有困惑、有迷茫、有无奈、有辛酸，更多的是风雨过后的云淡风轻。我写下当时的所思所想、所悟所感。正因为此，我为自己的论著取名为《一位率真校长的教育哲思》。

拙作初稿出来之后，在我的电脑里沉睡了差不多有一年之久。2019 年 7 月，我将自己的拙作交给挚友林良富老师审阅。林良富老师不仅著述多、名气大、思想深邃，而且是我人生路上的重要导师。在帮我审阅书稿的一个多月里，他多次给予我勉励与赞赏。他是浙江万里教育集团总裁，事务繁杂，难得有闲暇。他利用边边角角的零碎时间，认真帮我审阅书稿，一边审阅，一边帮我题跋。让我感动不已的是，他休年休假，与朋友赴西藏旅行时，竟然还带着我的书稿。8 月中旬，拿到他洋洋洒洒写的近 5000 字的跋，我泪湿眼眶。

耿申教授是"甬派教育管理名家培养工程"聘请的导师。宁波市教育局对参与培养的中小学校长和幼儿园园长非常重视，给两位校长或园长配备一位导师。很有幸，我和厉佳旭校长能跟随耿申教授学习，成为他的弟子。两年多来，他深入我们学校，手把手指导我们；他领着我们蹲点北京各大名校，学习借鉴先进经验；他不厌其烦，帮我们确定论著选题方向。2019 年 9 月，耿老师认真审阅我的书稿，并欣然为我拙作作序。教师对学生的拳拳爱心流淌在字里行间。

拙作的出版，要感谢宁波市教育局、宁波教育学院教育行政学院各位领导。没有袁玲俊院长等领导的倾心助力，没有各位领导的鞭策与劝勉，我们也许会淹没在繁杂的事务中，也许会在惰性的流水年华中，不了了之，论著的出版会变成一个泡影。拙作的出版，要感谢北京师范大学出版社，感谢编辑冯谦益老师。冯老师在认真审读我的书稿之后，不仅从思想、理念、整体架构上给予了中肯的建议，还从遣词造句、语言风格等诸多细节上给予了细致的指导。

拙作的出版，还要感谢宁波国家高新区教育文体局将红珊局长等领导。我非常幸运，因为各位领导的信任与厚爱，我才有机会参与筹建宁波国家高新区实验学校，才有机会将自己的办学理念、办学思想付诸实践。拙作的出版，还要感谢我所在的学校和所在学校的全体教职员工。因为有了全体教职员工的精诚团结、拼搏奋进，才有了新校变名校，才成就了我这位校长。我取得的点滴成绩，我提炼的管理经验，我形成的教育思想，都与这片土地息息相关，都与这所幸福校园魂牵梦萦，都与这群并肩前进的同事有着千丝万缕的联系。

由于我的学识水平所限，加之时间仓促，本书难免有不足，希望专家、同行批评指正。我也期待在广泛听取大家意见的基础上有再版的机会。

罗树庚

2021 年 3 月 23 日